인생의 답은
내 마음속에 있다

책을 펴 내면서

우리는 살아가는 과정에서
느낌으로 세상을 알아차리고, 생각으로 만물을 헤아리며, 마음으로
삶의 의미를 부여하며 살아간다.

그러나 대부분의 사람들은 이처럼 소중한 '마음의 실체와 그 역할'을
잘 모르며 살아간다. 누에가 자신이 만든 고치 속에 갇혀서 살아가듯
이, 사람들도 자신의 잘못된 편견이 설정해 놓은 '환상의 세계'에서
그저 부질없는 인생을 살아가고 있다.

그 잘못된 편견이 때로는 '좋지 않은 것을 좋다'라고 생각하고 '옳지
않은 것을 옳다'고 합리화하면서 자신의 욕망과 정의가 최상의 행복
이라 생각한다. 그리고 '나의 것이 아닌 것을 나의 것'이라 생각하며
어리석은 인연을 만들어가기도 한다.

그러나 진정 깨우친 마음으로 살아가는 지혜로운 자들은
그런 잘못된 욕망을 함부로 따르지 않는다. 스스로 관찰함으로써 삿
된 탐심을 다스리고, 당당히 단점을 인정함으로써 잘못된 생각을 바
꾸어 나간다.

그러므로 보다 지혜롭고 참된 삶을 살아가기 위하여는
먼저 삶의 의미를 부여하는 '마음의 실체와 그 역할'부터 바로 알아야 한다.

우리의 마음은 어떻게 생성되어 성숙하는지, 욕망의 끝은 어디인지,
분노는 어떻게 멈추고 조절할 수 있는지, 모진 고통은 어떻게 감내하
고 다스려야 하는지를 슬기롭게 깨닫지 못하고서는 자신이 원하는 참
된 삶을 살아갈 수가 없다.

이 책을 쓰고 있는 필자는 깊은 산골에서 태어났다.
어린 시절에는 나무에 오르고 바위를 타기도 하였으며, 먼 산길을 따
라 십리가 넘는 학교 길을 걸어서 다니기도 하였다. 젊은 시절에는 철
없는 욕망도 채워보았고 때로는 삶에 지쳐 고통의 눈물도 흘려보았다.

그러나 남은 여생을 조용한 산골마을에서 살아가고 있는 지금은
나의 깨우침이 내 삶의 가치가 되고 세상의 축복이 되는 보다 거룩한
삶을 살아가고 싶다. 구하느라 탐하지 않고 부족하다 화내지 않으며
깨달음으로 어리석음을 몰아내는 그런 소박한 삶을 살아가고 싶다.

이 책 속에는 향기로운 시와 소박한 얘기가 있다.
그리고 '모진 고통, 불타는 욕망, 끝없는 집착, 숭고한 사랑, 감사와 행복 등'이 전하는 다채로운 삶의 의미와 그들 속에 숨겨져 있는 밝은 지혜가 담겨있다.

그러므로 깨우친 마음으로 보다 '참된 삶을 살아가고 싶다'면
먼저 인간다운 정신을 일깨워주는 이 책을 가벼운 마음으로 꼭 한번 읽어보기 바란다.

이 책은 문인도 철인도 아닌 평범한 산골 농부가 쓴 책이다.
솔향기 그윽한 깊은 산골에서 자연을 벗하며 쓴 책이다.

|차 례|

1. 마음의 장

마음을 알아야 마음을 다스릴 수 있다

긍정의 마음은 주위의 많은 것을 나의 편으로 만든다

분노의 가슴속에는 밝은 미래가 없다

마음을 알아야 마음을 다스릴 수가 있다

마음

- 신수스님 -

오! 마음 마음 마음이여

참 알기가 어렵구나?

옹졸하게 마음먹으면 바늘구멍도 들어가지 않고

조금만 너그러워도 온 우주를 감싸고 남는다

참 오묘하구나?

조용한 어느 시골집이다.

어느 날 저녁 무렵, 도회지에서 직장생활을 하고 있는 아들이 시골 아버지를 찾는다. 아들은 법을 다스리는 법조인이었다.

아버지가 아들에게 묻는다.

"얘야, 너의 안색이 좋아 보이지 않는구나? 무슨 걱정거리가 있느냐?"

"예 아버지, 어제 큰 죄를 지은 어떤 시골 노인에게 중죄를 선고하였습니다. 그런데 무언가 기분이 개운찮아 밤새 잠을 이룰 수가 없었습니다."

"그래. 그런 일이 있었구나"

아버지, 그런데 그 노인은 자신의 잘못을 태연하게 인정하면서도 스스로 죄를 받기를 자청하였습니다. 대부분의 사람들은 자신의 죄를 변명하고 용서받기를 원하는데, 그 노인은 너무나도 당당하게 자신의 죄를 인정하는 것이 무언가 석연찮고 마음에 걸렸습니다.

삶의 뒤안길에 서 있는 '연약한 노인에 대한 중죄 선언, 당당한 노인의 언행, 오히려 만족해하는 듯한 노인의 표정'에서 중죄를 선고한 제가 오히려 당황스럽고 초조한 심정이었습니다. 어제 따라 자신의 죄를 당당하게 인정하는 그 노인의 모습이 왜 그리도 거룩하게 보였는지 모르겠습니다?

"그래 아들아, 그렇다면 그 노인에 대한 죄를 어떻게 처리하였느냐?"

"예, 먼저 본인이 그 죄를 스스로 인정하였으며
그리고 주위의 많은 사람들이 그 사실을 함께 증명하였습니다."

"그래, 그 다음은?" "그것이 다 이옵니다."

그 대답을 듣고서는 아버지의 호통이 떨어졌다.
어리석은 놈! 그렇게 함부로 죄를 단정지으려면 당장 그 직을 그만 두
어라. 모든 죄는 엄정하고 신중하게 심판되어야 한다.

단지 누군가의 가벼운 언어와 단순한 생각으로 쉽게 판단하여서는 아
니 된다. 다시 말하면 죄는 그 사실이 객관적이고 진실되어야 한다.
그리고 죄를 짓는 주체와 죄의 내용이 서로 사실관계이어야 한다.

죄는 입이나 몸이 짓는 것이 아니다. 죄는 그 사람의 마음이 짓는 것
이다. 왜냐면 세상만물의 가치는 모두 마음으로 인식되고 마음으로
그 의미와 역할을 부여하기 때문이다. 그래서 마음에 없는 말과 행동
은 그 의미를 부여 할 수 없고 죄를 밝히는 사실의 증거가 될 수 없다.

그러나 너는 어리석게도 죄의 사실을 그 노인의 참된 마음에게 묻지
않고, 자식을 지키기 위하여 거짓을 말하는 그 노인의 입에게 묻고, 또
한 증인들의 말과 눈으로 그 사실을 밝히려는 큰 잘못을 저질렀구나?

하늘이 너에게 큰 힘을 내려준 것은 '힘없고 연약한 자를 도우라고 준 것'이다. 그러나 오히려 너는 힘없고 죄 없는 그 연약한 노인에게 무거운 죄를 씌우는 큰 잘못을 저질렀구나!

어리석은 판단이 고귀한 생명을 위협하여서는 아니 된다.
잘 못된 판결은 죄인이 죄를 짓는 것보다 오히려 더 큰 죄가 될 수 있다.

"아버님, 그럼 이제 어떡하면 좋습니까?"
저의 작은 지혜로는 도저히 알 수가 없습니다.

그래 "더 듣거라!"

오래된 예전에 우리 고향마을에서, 세 살 된 어린아이가 난생처음 어머니를 따라 시골장터를 갔었다. 도로길 위에서 잠시 어머니를 잃은 그 아이는, 어느 가게 앞에서 '입에는 흰 가루가 묻어 있었고 손에는 과자를 들고' 서 있었지.

가게 집 주인은 과자를 들고 울고 있는 그 아이에게
자신의 가게에서 '과자를 몰래 훔쳤다'고 야단을 쳤고, 그 아이는 어머니를 잃은 불안한 마음과 낯선 가게주인의 호통소리에 두려움과 공포 속에서 울고 또 울었다.

그때 시장에 나온 많은 사람들은 울고 있는 그 어린아이의 주위로 몰려들었고 그 아이는 더욱 더 겁에 질려 울게 되었다. 얼마간의 시간이 지난 후 아이를 찾아 헤매던 어머니도 그 곳에 도착하였다.

어머니는 아이의 잘못에 대해, 가게주인 앞에서 머리를 조아리며 용서를 빈다. 그리고 '아이를 잘 보살피지 못했다'는 자책감과 울분을 못 참는 어린 자식의 울음소리에, 설움의 눈물이 어머니의 가슴을 아프게 하였다.

아이는 손에 들고 있던 과자를 모두 길 바닥에 내던지며
오직 자신을 지켜주는 하나뿐인 엄마의 품속으로 달려가서 더욱 더 북받치는 울음을 터뜨렸다.

놀란 아픔의 상처를 달래기 위하여
어머니는 어린 아들에게 용서를 빈다. 그리고 마음속으로 무릎 꿇고 사과한다. 앞으로는 '이 엄마의 잘못으로 사랑하는 내 아들을 절대로 울리지 않겠다'고

아이의 아버지는 저녁 무렵이 되어서야 그 사실을 모두 알게 된다.
'손에 든 과자, 말 못하는 어린아이, 호통치는 가게주인, 길을 잃고 두려워하는 어린 자식의 마음'을 헤아리며 말없이 아버지는 아이를 안아본다.

아직도 아이의 가슴은 한없는 두려움과 공포 속에 떨고 있다.
아이의 아버지는 어린 아들에게 죄인의 심정으로 용서를 빈다. 그리고 조용히 고개를 젖는다.

그렇게 2년여가 지난 후, 그 아이가 다섯 살이 되던 해 어느 날,
그 가게 주인의 동생이 우연한 기회에 그 아이를 만나게 되자 반가워하면서 그 당시에 있었던 과자 얘기를 하는 것이었다.

'어떤 어린아이가 가게 앞에서 혼자 슬피 울면서 누군가를 애타게 찾는 듯하여, 그 불안해하는 아이를 달래주기 위하여 형님가게의 과자를 자신이 대신 하나 건네주었다'라고, '그 아이가 바로 이 아이'라고

이렇듯 그 아이는 과자를 훔친 것이 아니었다.
누군가 자신에게 건네준 과자를 손에 들고 엄마를 애타게 찾으며 혼자서 울고 있었을 뿐이었다. 그러나 이미 그 아이에게는 많은 어른들로부터 나쁜 아이로 인정을 받았고 처벌보다 무서운 불안과 공포의 상처를 입었다.

그 불안과 고통, 그리고 공포 속에 짓눌린 쓰라린 의식의 상처를 누가 대신 용서하고 치유할 수 있겠는가?

공자님의 말씀 가운데 이런 말이 있다.

'내가 믿는 것은 눈이지만 눈도 완전하지 않구나. 내가 의지하는 것은 마음이지만 이 또한 부족하구나. 사람을 이해하기란 본래 어렵다' 그러나 사람들은 '눈으로 보는 것도 믿기 어려운데 눈으로 보지 않은 것도 믿으려 한다.'

이렇듯 상대의 진실도 제대로 알지 못하면서
'남의 잘못을 함부로 따져서는 아니 된다'는 말이다.

"얘야, 잘 들거라!"
지혜로운 마음은 언제나 '하나를 보고 하나를 선택'한다. 즉 한 마음 안에서는 두 가지의 감정이 서로 공존하지 못한다. 그때 엄마를 잃은

아이의 불안한 마음속에서는 오직 '엄마를 찾아야만 한다'는 것이 그 아이의 마음이 될 수 밖에 없다.

다시 말하면 엄마를 찾고 싶어하는 불안한 마음속에서는 과자를 훔치고 싶어하는 그런 사치스런 생각은 절대로 생기지 않는다. 그 이유는 본래 마음속에 없는 것은 '생각할 수도 없고 행동할 수도 없는 것'이 인간이 지닌 의식구조이기 때문이다.

이처럼 그때 '과자를 훔쳤다'고 믿었던 그 아이가 죄인이 아니듯이 어제 네가 중죄를 선고한 그 노인도 죄인이 아니다. 그때 아이 곁으로 모여든 많은 사람들이 엄마를 잃은 그 어린아이의 불안한 마음을 헤아리지 못하였듯이, 너는 자기 자식을 꼭 지키고 싶어하는 그 노인의 당당했던 모습을 이해하지 못하였다.

왜냐면 본래 죄인의 마음속에는 언제나 당당한 모습이 아닌, 뉘우치고 초조해 하는 불안한 마음이 그들의 가슴속에 숨겨져 있기 때문이다.

이같이 너는 죄를 지은 참된 마음에게 묻지 않고 자식을 지키기 위하여 거짓을 말하는 그 노인의 입에게 죄를 묻는 큰 실수를 저질렀구나.

얘야, 그런데 그때 두려움과 공포 속에서 울고 또 울며 죄인의 취급을 받았던 '그 억울했던 아이'가 누군지를 아느냐? 그때 그 아이가 바로 지금 내 앞에 서있는 '네 놈'이다.

그 사건이 생긴 이후로, 우리 부부는 그때 너를 잘 보살피지 못한 죄책감을 가지고 늘 너에게 미안한 마음으로 살아왔었다. 그러던 중, 고맙게도 네가 거룩한 법복을 입은 모습을 처음 보았을 때, 우리 부부는 정의로운 너의 모습이 너무나도 고맙고 감사해서 숱한 밤을 기쁨의 눈물로 지새우기도 하였다.

그런데 우리 부부의 순수한 바램을 이렇게 네 놈이 다 망쳐 버렸구나! 네가 그렇게도 억울한 일을 당하였기에 우리 아들은 절대로 그런 어리석은 판단을 하지 않을 것이라 생각하였다. 우리 아들은 진정 정의롭고 훌륭한 법조인이 될 것이라 믿었다.

그런데 네가 어렸을 때 과자 문제로 억울한 일을 당하였듯이 너도 죄 없는 그 노인에게 억울한 누명을 씌우게 되었구나. 하물며 네가 그런 어리석은 판결을 내리다니 이 아버지는 하늘이 무너지는 심정이다. 자식을 잘 못 키워온 이 아비가 어떻게 그 노인에게 '용서를 빌어야 한다'는 말인가.

나는 '너 같은 어리석은 자식을 둔 적이 없다' 당장 그 맡은 직을 그만두고 교만과 어리석음을 씻어 낼 수 있는 참회의 시간을 갖도록 하여라! 그리고 너의 마음을 바로 볼 수 있는 밝은 지혜를 깨우치도록 하여라.

아버님, 죄송합니다. 제가 너무나도 어리석고 부족하였습니다. 못난 지식과 작은 지혜가 '숭고한 영혼을 함부로 단죄해서는 안 된다'는 사실을 이제야 깨달았습니다. 아버님의 말씀을 따르겠습니다.

죄인의 심정이 된 아들은 자신의 어리석음을 아버지 앞에서 고개 숙여 빌고 또 빈다. 그리고 침묵의 시간이 흘렀다.

라디오에서 '긴급 뉴스'가 흘러나온다.

"어제 사형을 선고 받은 노인은
사실은 자신의 아들을 대신하여 죄의 사실을 거짓 고백한 것이 밝혀
졌습니다. 노인의 아들은 모든 사실을 밝히고 오늘 새벽 자신의 방안
에서 한 장의 유서를 남긴 채 스스로 숨졌습니다."

'유서의 내용은'
아버지 죄송합니다. 정말 죄송합니다.
저는 지금까지 아버지의 마음을 잘 모르고 살아왔습니다.
그러나 이제는 아버지의 마음을 알 것 같습니다.

'자식을 위한 힘든 고통이 모두 아버지의 행복'이란 말씀을 이제야 알
것 같습니다. '자식의 죄가 모두 아버지의 죄'라고 당당하게 말씀하시
던 아버지의 큰 사랑을 이제야 이해할 것 같습니다. 아버지, 어리석은
이 아들을 용서하십시오. 아버지, 사랑합니다!

해는 노을을 남기며 서산을 넘고 있다.
차가운 산바람은 마을로 내려오는데, 젊은 법조인은 참회의 봇짐을
메고 산사로 오른다. 멀리서 목탁소리에 실어 큰 스님의 법문소리가
들려온다. '세상을 눈으로 보지 말고 마음을 마음으로 보아라!'

마음공부는 계속된다.

우리의 마음은 언제나 비어있어 다함이 없다.

채운 듯 하면서도 비어있고 비어있는 듯 하면서도 언제나 가득 차 있다. 세상의 모든 고마운 것을 그 속에 담고 있다. '기쁨 희망 온정 사랑 감사'를 담고 있다.

따라서 비어있는 마음 속에 기쁨을 받아들이면 기쁜 마음이 되고 슬픔을 받아들이면 슬픈 마음이 된다. 누군가를 그리워하면 그리운 마음이 되고 지난날을 후회하면 후회하는 마음이 된다.

우리의 마음은 '하늘과 같은 공의 기운'을 가지고 태어났다.

그래서 그 성품은 모두 하늘의 기운을 그대로 닮아있다.

비가 오는 날이면 마음이 우울해지고 날씨가 맑아지면 마음이 상쾌해진다. 바람 부는 날이면 마음이 스산해 지고 먹구름이 드리우면 마음도 불안해한다.

하늘의 기운이 수시로 변하듯이 우리의 마음도 본래 정해진 바가 없다. 눈으로 볼 때는 눈으로 정해지고, 귀로 들을 때는 귀에 의해서 정해지며, 의식으로 알아차릴 때는 의식의 경험으로 정해진다. 이같이 대상에 따라 변하고 상황에 따라 바뀌는 것이 우리의 마음이다.

그럼 우리의 마음은 어떻게 만들어 지나?

우리의 마음은 느낌이 전해주는 생각으로 만들어진다. 평소의 느낌과 생각이 고착화되고 관념화되어, 자기만의 주관적인 사고를 하게 되면서 그것이 '육체적, 생리적, 정신적으로 모아지고 다듬어진 것'이 바로 지금의 마음이 된다.

쉽게 말하면 지금까지 자신이 살아오면서
'어떤 분위기 속에서, 어떤 생각을 하며, 어떠한 것을 꾸준히 경험하면서 살아왔느냐에 따라 그 사람의 성품이 형성되게 된다.

그래서 지금의 내 마음도 모두 평소의 내 생각으로 만들어진 것이다. 누군가를 그리워하는 내 마음은 그리워하는 그 상대가 만드는 것이 아니다. 애타게 그리워하는 내 생각이 만든것이다. 누군가를 미워하는 내 마음은 미워하는 그 상대가 만드는 것이 아니다. 몹시도 미워하고 원망하는 부정적인 내 생각이 만든 것이다.

그러므로 선하고 원만한 마음을 만들기 위하여는
평소 자신의 마음속에 기쁨의 에너지가 넘쳐나는 고결한 생각을 선사해야 한다. 바로 우리의 마음이 좋아하는 '단순하고, 긍정적이며, 새로운 생각'을 선사해야 한다.

그래서 밝은 정신의 소유자들은 마음의 기쁨을 방해받지 않기 위하여 그 반대가 되는 '복잡한 것은 싫어한다. 즐겁지 않으면 나서지 않는다. 남들이 발견한 것을 다시 찾지 않는다.'

긍정의 마음은 주위의 많은 것을
나의 편으로 만든다

- 불경에서 -

한 방울 물에도 천지의 은혜가 스며있고
한 톨 곡식에도 만인의 노고가 담겨있다.

두발로 걸을 수 있다면 그것도 감사한 일이고
한 발로 설 수 있다면 그것 역시 감사한 일이다

누군가를 부정하면 내가 먼저 고립되고,
무언가를 긍정하면 나부터 풍요로워진다

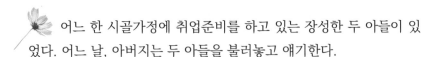 어느 한 시골가정에 취업준비를 하고 있는 장성한 두 아들이 있었다. 어느 날, 아버지는 두 아들을 불러놓고 얘기한다.

얘들아! 너희가 새로운 직장을 찾아서 먼 도회지로 떠나고 싶어하니 훌륭한 사회인이 되기 위한 '너희들의 마음가짐'이 얼마나 잘 준비되어 있는지 이 아버지가 한번 알아보고 싶구나 하면서

먼저 너희가 다니고 싶어하는 회사에 직접 찾아가서
그 회사에 관하여 '보고 듣고 느낀 사항'들을 빈틈없이 작성하여
'이 아버지에게 가져 오너라'고 주문하였다.

며칠이 지난 후
두 아들은 아버지가 시키는 대로 자신들이 다니고 싶어하는 회사에 직접 찾아가서, 그들이 보고 듣고 느낀 사항들을 꼼꼼히 챙겨서 기록한 후 아버지 앞에 보여 드렸다.

그러나 아버지는 그 내용을 펼쳐보지도 않은 채
내가 보기에 '너희들의 얼굴색이 밝지가 않구나?'라는 한 마디만 남기고서는 다시 작성해 오라는 것이었다.

그런데 두 번째도 역시 아버지의 말씀은 마찬가지였다.
'아직도 너희들의 얼굴색이 어두워 보이는구나?' 하면서 다시 작성해 오라고 하였다.

본래 고을에서도 영리하기로 소문난 두 아들은 밤잠을 이루지 못하고 곰곰이 아버지의 마음을 헤아리기 시작하였다. 아버지께서는 왜 내용은 읽어보시지도 않고 '얼굴색이 밝지 않다'는 말씀만을 하실까?

그러던 며칠 후
두 아들은 다시 세 번째 보고서를 작성하여 아버지 앞에 나타났다. 다시 아버지께서 말씀하셨다. '이제서야 동생의 얼굴색은 밝아졌구나' 하면서 동생이 작성한 보고서는 받아들였다.

그러나 동생보다 더 성숙하고 영리하기로 소문난 형은
아버지께서 말씀하시는 '밝은 표정과 보고서의 내용'을 서로 연관 지어 생각하던 중에 마침내 무릎을 치며 아버지의 뜻을 깨닫게 된다.

형은 평소 보다 조금 일찍 회사로 찾아가서
지금까지와는 '정반대'의 내용으로 쓰여진 보고서를 작성하여 아버지께 보여드렸다.

그 보고서를 모두 받아 든 아버지는 크게 웃으시며
이제 우리 두 아들은 정말 영리하기도 하지만 '마음까지 성숙해졌구나!' 하면서 대견스런 두 아들의 손을 꼭 잡았다.

나는 배움이 없어 글은 잘 모른다.
그래서 이렇게 시골에서 농사를 지으면서 시골촌부로 살아가고 있다.
하지만 너희들이 가져온 그 보고서의 내용들을 상세히 읽을 수는 없지만, 너희들의 얼굴만 쳐다보아도 너희들의 마음이 '기쁜지 슬픈지, 즐거운지 힘든지를' 모두 알 수가 있다.

비록 얼굴은 자신의 것이 되나 '자기가 만드는 표정은 모두 상대의 것이 된다'는 사실을 너희들은 꼭 명심해야 한다. 사람이나 일이나 모든 관계에서 '부정적인 관점으로' 상대를 바라보는 습관을 갖게 된다면 그 사람의 표정은 당연히 어두워질 수 밖에 없다.

본래 인간의 본성은 한없이 '맑고 밝고 따뜻하다'
따라서 모든 일은 항상 '맑은 의식과 밝은 기분으로' 즐겁게 하여야 한다. 그래야 일의 능률도 오르고 삶의 질도 높아질 수가 있다. 그래서 진정 위대한 정신은 먼저 상대의 장점을 발견하는데 자신의 밝은 지혜와 뜨거운 열정을 모두 바친다.

나는 지난번 너희들의 어두운 모습을 바라보면서
너희가 그 회사의 잘못된 점들을 찾아내는 과정에서 '마음이 어두워지고 얼굴의 표정이 밝지 않다'는 것을 알 수 있었다. 눈은 마음의 창, 마음은 생각이 모아진 것이다. 그래서 그 사람의 눈을 보면 그 사람의 마음을 알 수가 있고 생각을 읽을 수가 있다.

이렇듯 우리 두 아들은 세상의 장점을 밝혀 삶의 거울로 삼고 자신의 지혜로 삼아야 한다. 그러면 그때 너희들의 표정은 한없이 밝아지고 너희들의 삶은 한층 거룩해질 것이다. 절대로 찡그린 얼굴로 세상이란 손님을 대하여서는 아니 된다. 세상을 바라보는 밝은 모습이 바로 '너희들의 얼굴이 되어야 한다'는 사실을 꼭 명심하여라!

가난이 함께하는 힘든 삶 속에서도, 아버지가 지닌 놀라운 지혜와 고결한 말씀 앞에서 두 아들은 스스로 고개가 숙여진다. 우리 아버지께서는 평소 들판에서 힘든 농사일을 하면서 거룩한 마음농사도 함께 지으며 평생을 살아오신 분 같다.

두 아들은 조목 조목 잘못된 것만 기록한 먼저 보고서는 모두 찢어 버리고, 나중에 잘된 점만을 기록한 보고서를 다시 아버지께 보여드 렸다.

아버지께서는 '정말 잘 되었구나! 이렇게 잘 쓰여진 것은 내 생전 처음 본다' 하면서, 글은 잘 모르셨지만 두 아들의 정성이 담긴 서류를 한 장 한 장 빠짐없이 넘겨본다. 아버지의 눈가에서는 고맙게 성장한 자식들에 대한 감회의 눈물이 흐르고 있다.

두 아들은 아버지께 큰 절을 올린다.
'아버님! 꼭 성공해서 돌아오겠습니다.
그리고 세상을 밝히는 긍정적인 사회인이 되겠습니다.'

'그래 성공은 자신과의 가장 위대한 약속이다.
꼭 성공해서 건강한 모습으로 돌아오너라!' 나는 이제 들판으로 나가 봐야겠다.

아버지는 한 손으로 무거운 삽을 들고, 나머지 한 손으로는 굽은 허리 를 부여잡고, 안개가 자욱한 개울건너 과수원으로 발길을 옮긴다. 아버 지의 쓸쓸한 뒷모습을 바라보면서 두 아들은 핑 도는 눈물을 감춘다.

두 아들은 가벼운 마음으로 버스에 올랐다.
오늘따라 처음 보는 버스기사의 얼굴이 한없이 밝아 보인다. 어디에 선가 작은 새들이 날고 아름다운 나비가 창가에서 춤을 춘다.

희망찬 세상이 이렇게 긍정의 마음을 품고 있는 두 형제의 편이 된 것 같다. 아버지는 혼자서 들길을 걸으며 마음 속으로 두 아들을 위하여 기도한다.

그리고 긍정의 마음을 되새겨 본다.

'긍정의 마음'은 주위의 많은 것을 나의 편으로 만든다.
당신의 마음이 '긍정의 의식으로 가득하다'면 그 기운이 주위를 밝힐 것이고, '부정의 의식으로 가득 차 있다'면 어둠이 주위를 엄습할 것이다.

또한 세상을 향해 감사하면 감사하는 사람을 더 많이 만나게 되고, 세상을 향해 시비하면 시비하는 사람을 더 많이 만나게 된다. 물론 '삶이 괴롭다'고 원망하면 삶은 고통의 늪으로 더 깊이 빠져들게 된다. 그래서 어려운 환경 속에서도 밝은 모습을 발견하는 지혜로운 습관은 긍정적인 마음의 특권이다.

문명을 발전시킨 위대한 혁신가들은 한결같이 세상의 모든 것에서 '희망 용기 사랑 열정'을 찾아내는 긍정적인 사람들이었다. 그들에게는 비관적인 어둠과 그림자는 그 어디에서도 찾아볼 수가 없었다. 그들의 마음속에는 언제나 '기뻐하는 마음, 즐기는 마음, 감사하는 마음'이 함께하였다.

이처럼 우리 앞에 다가오는 똑 같은 시련도 그 사람의 마음에 따라, 누구에게는 지혜를 얻을 수 있는 소중한 삶의 경험이 될 수가 있고, 누구에게는 절망적인 고통이 될 수도 있다. 그 이유는 세상을 바라보는 그들의 시선이 '긍정적이었느냐, 아니면 부정적이었느냐'에 달려있다.

긍정은 막연히 좋은 것이 아니다. 숨겨진 이면의 새로운 장점을 보는 것이다. 따라서 '긍정적인 정서를 생활화하고자 한다'면 먼저 상대의 장점을 찾아내는 선한 의식이 남달리 강하게 뿌리내려야 한다. 그리고 일상 속의 아주 사소한 것에서도 기쁨과 즐거움을 찾아내는 긍정적인 생활습관을 길러야 한다.

하늘에서는 흰 눈이 내린다.
내리는 흰 눈을 보고, 누구는 '기뻐'할 수도 있고 누구는 '슬퍼' 할 수도 있다. 가을 산이 단풍잎으로 곱게 물들어 있다. 곱게 물든 단풍잎을 바라보며, 누구는 '아름답다'라고 할 수도 있고 누구는 '쓸쓸하다'라고 할 수도 있다.

이렇듯 우리의 세상은 그대로 있는데 '자신이 어떻게 생각하느냐'에 따라 세상의 기쁨은 달리 결정된다. 세상을 복되게 하려는 선한 자는 언제나 현실을 긍정하고 상대를 칭찬한다.

그러므로 평소 상대를 미워하고 세상을 원망하는 부정적인 마음으로 이 세상을 살아가서는 아니 된다. 언제나 가슴속에 긍정의 마음을 품고 살아가야 한다. 왜냐면 원망을 감사로, 슬픔을 기쁨으로, 미움을 사랑으로 바꿀 수 있는 위대한 힘은 오직 그대의 가슴속에 담겨있는 '긍정적인 마음'뿐이기 때문이다.

분노의 가슴속에는 밝은 미래가 없다

인연설

- 스님 한용운 -

더 좋아해 주지 않음을 노여워하지 말고

이 만큼 좋아해 주는 것에 만족하고

나만 애태운다고 원망치 말고

애처롭지만 사랑할 수 있음에 감사하고

주기만 하는 사랑이라 지치지 말고

더 줄 수 없음에 아파한다

산이 높아 구름 머무는 어느 산골마을에
귀가 잘 들리지 않는 아주머니 한 분이 살고 있었다.
그녀의 소통은 대부분 가벼운 미소와 다정스런 눈동자로 대신하였다.

어느 무더운 여름날이었다.
외딴 참외밭을 지나던 그 아주머니가 우연히 참외밭 주인과 서로 마주치게 된다. 두 사람은 서로 가벼운 눈 인사를 나누고 헤어졌다. 그때부터 참외밭 주인은 혼자서 상상의 의심을 하게 된다.

왜 방금 집에서 나온 저 아주머니의 배낭 속이 저렇게도 무언가로 가득 차 있을까? 왜 '나물을 캐러 왔다'는 사람이 나물이 많이 돋아나는 산이나 들로 가지 않고 남의 참외밭둑에서 어슬렁거릴까? 이렇게 혼자서 상상하고 혼자서 의심을 키워간다.

한참을 생각하던 밭주인은
그 아주머니의 배낭 속에는 자신의 참외밭에서 몰래 훔친 '참외가 들어있는 것'이 분명하다고 생각한다. 이렇게 상상이 의심이 되고 의심은 다시 미움과 증오가 된다.

혼자서 상상하고 혼자서 원망한다.
어떻게 애지중지 정성껏 키운 남의 참외를 제대로 익기도 전에 주인 몰래 따갈 수가 있다'는 말인가? 의심의 증오는 더 큰 분노로 커져간다.

'배낭을 열어볼까? 경찰서에 신고를 할까?
상상 속에서 신고한 경찰이 찾아온다. 경찰은 아주머니를 데리고 경찰서로 간다. 상상 속에서 동네사람들은 각자의 판단으로 참외밭 주인을 탓하기도 하고 아주머니를 욕하기도 한다.

시간이 지날수록 분노의 상상은 다시 공포의 상상으로 변해간다.
도회지에서 살고 있는 아주머니의 아들이 밭주인을 찾아와서 욕을 하며 삿대질도 한다.

'어떻게 작은 고향마을에 함께 살아가면서, 그까짓 참외 몇 개를 가지고 경찰서에 신고를 할 수 있느냐'며 큰 소리로 야단을 치기도 한다.
온 동네가 시비와 원망의 싸움터가 되는 상상을 한다.

집에 도착한 참외밭 주인은 조용히 차를 마시며 깊은 상념에 젖어본다. 왜 숭고한 나의 마음 밭에 이런 미움과 증오와 같은 나쁜 상상의 씨앗을 심을 수가 있을까? 그렇게도 참외 몇 개가 소중한 것인가? 그토록 먹고 싶어하는 고향아주머니께 참외 몇 개를 그냥 드릴 수 있는 온정은 왜 없을까?

잠시나마 의심하고 분노했던 자신의 마음이 한없이 야속하고 후회스럽게 생각된다. 밭주인은 속죄의 마음으로 아주머니께 작은사랑을 베풀고 싶어한다. '나중에 참외가 잘 익어 주렁주렁 열리면 한 바구니 따다 담아서, 몰래 그 아주머니 집에 갖다 둬야지' 라며 참회의 온정도 베풀어 본다.

온종일 미움과 증오로 물들었던 마음을 맑고 고운 저녁하늘에 씻으며 참외밭 주인은 씁쓸한 기분으로 마을로 내려온다.

동네 모퉁이에 편하게 자리잡고 있는 마을회관에서는 오늘따라 마을 사람들이 많이도 모여 있다. 그들의 얼굴은 왜 그리도 밝은지? 모두가 즐거운 생일을 맞이한 것 같다.

둥글게 앉아있는 그들 앞에는 노랗게 구운 호박부침개가 놓여있다. 밭주인은 가만히 엿들어 본다. 알고 보니 그 호박은 오늘 낮에 자신이 의심하고 분노한 그 아주머니의 배낭 속에서 나온 것이 틀림없다.

어떻게 '이럴 수가 있다'는 말인가?
남의 호박을 자기의 참외로 의심하여 착한 아주머니를 온종일 미워하고 원망한 자신의 비열함이 너무나도 한스럽고 죄스럽게 생각된다.

참외밭 주인은 고개를 들 수가 없다. 스스로 죄인이 된 듯한 기분이다. 그는 작은 목소리로 아주머니에게 '잘 먹겠다'는 인사를 한다.

그러자 아주머니는 말없이 미소를 지으며 노란 부침개 한 조각을 그의 입에 넣어준다. 참외밭 주인은 다시 한마디, 참회의 거짓변명을 해 본다. '이 호박 때문에 낮에 아주머니의 배낭이 그렇게도 무거워 보였는가 봅니다'

그러나 아주머니는 가벼운 미소를 지으며 말없이 부침개를 굽는다. 그리고 마음속으로 답한다. '미움과 의심은 모든 악의 시작이다. 선의 마음으로 악의 마음을 다스려야 한다. 분노는 미움으로 없어지지 않고 오직 사랑으로만 없앨 수 있다.'

우리동네 아줌마

구수한 사투리 환한 웃음 좋아서
뒷산의 꽃향기 앞다투어 내려온다

몸은 바쁘나 마음은 한가롭고
얼굴은 고우나 화장은 모른다

오늘도 객지 나간 예쁜 딸! 온 동네 자랑하고
당신 아들 집에 오면 맨발로 마중한다

모든 걸 내어주고도 미안해하는
하늘만큼 큰 사랑은 어디서 배웠을까?

밤이면 달을 안고
울고 싶은 그 마음은

혼자 사는 서러움 때문일까?
먼저 보낸 당신 생각 때문일까?

북으로 날으는 기러기 울음소리
밤은 애처로이 그들을 잠재운다

분노는 불만의 감정이다.
자신의 옹졸한 인격을 드러내는 나쁜 감정이다.
그래서 분노의 가슴속에는 밝은 미소가 없고 아름다운 미래가 자라나지 않는다.

분노의 감정은 본래 약한 자의 것이다.
그래서 분노의 감정을 드러내면 두 번 지는 것이 된다. 한 번은 본인에게 지는 것이고 또 한 번은 상대에게 지는 것이다. 안으로도 지는 것이고 밖으로도 지는 것이다.

그러므로 평소 작은 시비로 다투지 말고 이기려 하지 말아야 한다.
사실상 분노보다 간절하고 소중한 것은 먼저 '나를 크게 만드는 일이다.' 그리고 마음 속의 감정은 '이기기 위하여 있는 것이 아니라, 누군가를 위로하고 사랑하기 위하여 있다'는 사실을 아는 것이다.

그럼 이러한 분노의 감정은 왜 생겨날까?
그것은 허기진 욕망이 탐심을 일으키고 이루지 못한 불만이 화를 불러들이기 때문이다. 그리고 자신의 감정을 스스로 다스리지 못하는 조급하고 옹졸한 마음 때문이다.

알고 보면 대부분의 현대인들은 두려움과 걱정을 안고 살아간다.
가난하면 돈으로 걱정하고 병이 들면 건강으로 걱정하며 명예 앞에서는 못나서 괴로워한다. 그리고 이루지 못한 현실 앞에서는 원망하고 분노한다.

이처럼 마음 속으로 누군가를 미워하고 원망하게 된다면

그때 우리의 무의식은 그들을 자신의 가슴속에 가두어 두고 서로 시비하며 다투게 된다. 비록 서로 떨어져 있어도 내 마음 안에서는 그를 불러놓고, 혼자서 미워하고 혼자서 원망하며 혼자서 분노하게 된다.

그때는 잘못된 생각을 멈추고 조용히 자신의 마음을 관찰해 보라!
그리고 자신의 마음을 직시하며 스스로에게 묻고 답해 보아야 한다.

왜 이런 나쁜 감정을 숭고한 나의 마음속으로 불러 들였는지?
미워하고 분노하며 살기에는 소중한 내 인생이 너무 아깝지 않은지?
청정한 나의 마음 밭에서 미운 생각 하나 내쫓지 못하고서는 '그 어떤 위대한 일도 이룰 수 없다'는 사실을 깨우치고 명심해야 한다.

그리고 '존재한다'고 믿었던 감정이 '존재하지 않는다'는 것을 깨닫고 '화'가 났을 때는 나 자신이 '화'가 되지 말고 그 화를 바라보는 사람이 되어야 한다.

그래서 밝은 정신의 소유자들은 기분이 상하는 일이 있어도 함부로 남을 미워하거나 분노하지 않는다. 오히려 분노하고 있는 상대의 옹졸함을 불쌍히 여긴다. 때로는 상대의 분노를 너그러이 받아들이며 자신의 성숙된 자제력에 스스로 기뻐한다.

그러므로 제발 누군가를 미워하고 분노하지 마라!
많고 많은 사람들 가운데서 '나를 욕하는 사람이 있다'는 것은 어찌 보면 너무나 당연한 일이다.

사람은 누구나 자신의 관점에서 상대를 평가할 수 있다.

그 사람의 입장에서는 나를 욕할 수도 있고 칭찬할 수도 있다.
때로는 나를 비난할 수도 있고 원망할 수도 있다.

문제는 그 욕을 받아들이는 나 자신에게 있다. 내가 그 욕을 심각하게
받아들이며 '그 욕에 조종 당하고 있다'는 것이 문제다.

상대가 건네주는 부담스런 선물도 내가 받지 않으면 나의 것이 될 수
가 없듯이, 상대가 하는 욕도 내가 받아들이지 않으면 이미 나의 욕
이 아니다. 따라서 나를 향해 욕하는 모든 사람들을 상대로 일일이 변
명하며 다투지 말아야 한다. 그리고 상대의 잘 못된 말뜻에 휘둘려 그
의미를 따라가서도 아니 된다.

사실상 감정이란 '서로 다투거나 힘으로 누른다'고 사라지는 것이 아
니다. 스쳐 지나가는 바람을 붙들지 않듯이 그냥 그대로 놓아주면 스
스로 사라지게 되어있다.

2. 삶의 장

행복 하라!

행복한 삶은 소박하다

삶의 철학을 가져라!

삶의 주인이 되라!

어느 인생길을 택할 것인가?

바른 삶의 자세는?

행복 하라!

행복론

- 시인 조지훈 -

멀리서 보면 보석인 듯
주워서 보면 돌멩이 같은 것
울면서 찾아갔던 산 너머 저쪽

아무데도 없다
행복이란
스스로 만드는 것

마음 속에 만들어 놓고
혼자서 들여다 보면
가만히 웃음 짓는 것

아아! 이게 모두 과일나무였던가
웃으며 돌아 온 초가삼간
가지가 찢어지게 열매가 익었네

어느 무더운 여름날 오후!

시골 느티나무 아래에서 마을사람들이 모여, 이런 저런 얘기를 하며 더위를 피하고 있었다. 그 옆에는 고향을 찾은 교수님 한 분이 지그시 눈을 감고 그들의 얘기를 엿듣고 있다. '허무한 기대, 아쉬운 후회, 한 때의 힘들고 즐거웠던 얘기들'이 쏟아져 나온다.

한 동안의 얘기와 웃음이 지나간 후
교수님이 슬쩍 그들에게 '삶의 문제'를 던져본다.

"여기 모이신 여러분 가운데서
어느 한 분이라도 '행복한 삶'에 대하여 정답을 얘기하시면, 제가 그 분을 천국으로 갈 수 있도록 하느님께 부탁을 드리겠습니다."라고 유머스런 질문을 하자, 그 곳에 모여있는 마을사람들은 모두 크게 웃으면서 한마디씩 자신의 생각을 얘기한다.

'잘 먹고 잘 사는 것이 행복이다. 돈 많고 건강한 것이 행복이다. 예쁜 여자 만나서 아들 딸 낳고 화목하게 사는 것이 행복이다. 좋은 집에서 좋은 차 타고 다니며 멋 부리고 사는 것이 행복이다. 높은 관직에 올라 떵떵거리며 기세부리고 사는 것이 행복이다' 이같이 사람들마다 자신이 원하는 서로 다른 행복의 바램을 얘기하였다.

그 중에서 어떤 한 사람이 교수님에게 묻는다.
"교수님, 그러면 지금까지 누구의 말이 정답입니까?"

교수님은 빙그레 웃으며 말한다.

"각자가 말한 것은 각자의 정답입니다. 사람마다 서로의 모습이 다르고 성품이 다르듯이, 각자가 꿈꾸는 행복의 기준도 모두 서로가 다르게 됩니다.

그럼 우리가 바라는 행복이란 무엇일까?

행복은 만족하고 감사하는 흐뭇한 마음의 상태가 지속되는 것이다. 다시 말하면 자신이 원하는 다양한 행복의 조건들 가운데서, 감사와 만족이란 흐뭇한 마음이 '스스로 선택하여 조화롭게 창조해낸 것'이 행복이다.

그러므로 '행복한 삶을 누리고자 한다'면
먼저 자신이 원하는 '행복의 조건'과 그것을 즐기고 누릴 수 있는
'감사의 마음'이 함께 준비되어야 한다.

행복의 조건은 '선하고 아름다운 것에 대한 지향, 인정받고 사랑 받는 기쁨, 더불어 사는 즐거움, 풍족한 삶에 대한 만족' 그 외 '건강 가정 사랑 취미생활 등' 인간이라면 누구나 갖고 싶어하는 다양한 것이 될 수가 있다.

이러한 행복의 조건들 가운데서 자신이 선택하고 노력하여 이룬것들을 감사의 마음으로 흐뭇하게 받아들일 때 그때 비로소 인생의 아름다움을 누릴 수 있는 행복의 주인이 될 수가 있다.

그럼 어떻게 하면 행복의 조건 앞에서 감사의 마음을 생기게 할 수 있

을까? 그것을 아는 것이 바로 진정한 '행복의 비결'이 된다.

'감사의 마음'은 뜨거운 욕망으로 얻을 수 있는 것이 아니다.
그렇다고 의지와 노력으로 이룰 수 있는 것도 아니다. 다만 그것은 자신의 마음속에서 스스로 우러나와야 한다. 스스로 눈물이 나오고 스스로 그리움이 생겨나듯이 스스로 감사의 마음이 생겨나야 한다.

감사의 마음은 감성과 지성이 함께 어우러져 나오는 마음이다.
주어진 행복의 조건 앞에서 감성의 마음으로 흐뭇한 만족감을 느끼고 지성의 마음으로 기쁨과 보람을 느낄수 있을 때 그때 비로소 감사의 마음이 생겨난다.

누구나 살아가는 과정에서 정신세계가 한 단계 성숙하면
그때는 지적 수준이 높아지면서 삶에 대한 이해도가 깊어진다. 내면이 성숙하고 깊어지면서 행복의 모습도 그만큼 아름답고 거룩해진다.

그러나 대부분의 일반사람들은 언젠가 돈과 명예를 얻어 크게 성공을 하게 되면 행복할거라는 막연한 기대를 가지고 있다. 아니다. 행복은 채워서 해결될 수 있는 것이 아니다. 내가 가진 것에 만족하고 작은 가치에서도 크나 큰 기쁨과 감사를 느낄 수 있을 때 얻을 수 있다.

아무리 농부의 들판에 많은 물이 흘러 넘쳐도 벼의 뿌리가 갈증을 느끼지 못하면 신선한 물을 흡수할 수가 없듯이, 아무리 집안에 부귀영화가 흘러넘쳐도 그것을 받아들일 수 있는 감사의 마음이 없으면 행복한 마음은 생기지 않는다.

교수님!
그러면 왜 사람들은 똑 같은 조건에서도
누구는 감사해하고 누구는 불평하게 되나요? 그 이유가 궁금해요?"

예, 그것은 바로 그들 각자가 지니고 있는 주관적인 상태의 감정이 서로 다르기 때문입니다. 다시 말하면, 그 사람의 '삶의 가치관, 욕망의 수준, 사고의 품격'이 서로 다르고 또한 수시로 변하기 때문입니다.

그래서 때로는 나의 부가 상대에게 가난이 될 수가 있고,
나에게 긴 것이 상대에게 짧을 수도 있으며, 나에게 많은 것이 '상대에게 적다'고 생각될 수도 있습니다. 따라서 그 사람이 행복한지 불행한지는 오직 본인의 마음만이 결정하고 알 수가 있습니다.

그러나 불행하게도 탐욕의 먼지가 끼어있는 사람들의 눈에는
언제나 '많이 갖는 것'을 행복이라 생각하고 '많이 주는 것'을 사랑이라 생각합니다. 그래서 그들은 작고 소박한 가치에서는 참된 행복을 찾지 못하는 눈먼 장님으로 살아갈 수 밖에 없습니다.

그러므로 제발 당신의 행복을 허망된 욕망으로 채우려 하지 마세요.
알고보면 우리가 '불행하다'고 생각하는 대부분은 물질적인 결핍이나 신체적인 장애가 아닙니다. 무언가를 몹시도 갖고 싶어하고 채우려 하는 허기진 망상, 그것이 불행의 씨앗이 됩니다.

어떤 사람이 부처에게 물었다.

'부처님, 내가 슬플 때면 왜 항상 눈이 올까요?'

부처가 대답했다. '겨울이 가면서 하얀 추억을 남기는 것이다'

'그럼 왜 눈은 내가 알지 못하는 한 밤중에 내릴까요?'
'사람들은 항상 자기가 알지 못하는 순간에 수많은 아름다움을 놓치기 때문이다.'

'그러면 왜 다른 곳에서는 흰 눈이 내리는데 내가 있는 곳에서는 내리지 않을까요?'

부처는 가볍게 한숨을 쉬며 말했다.
'다른 곳의 풍경을 부러워하지 마라! 바로 그대 곁에 있는 풍경이 가장 아름다운 것이다.'

이처럼 우리의 인생은 항상 무언가를 비교하고 부러워하며
남의 시선으로 살아가려는 습성이 있다. 진정 소중한 것을 자신이 갖고 있으면서도 하찮은 남의 것을 부러워하면서 말이다.

노란 개나리, 붉게 물든 단풍, 하얀 눈사람! 너무나도 아름답고 멋진 풍경이다. 이 모두가 눈이 먼 장님들에게는 그들이 소망하는 아름다운 천국이 될 수도 있다.

'단 한번이라도 볼 수 있게 된다'면
그들에게는 행복을 안겨주는 삶의 마지막 소원이 될 수도 있을 것이다. 하지만 대다수 사람들은 그런 소중한 의미를 찾아내는 강한 의지와 밝은 지혜가 부족하다.

이렇듯 행복이란, 현실의 자기 상태를 있는 그대로 고맙게 받아들이는 긍정하는 마음에서부터 시작된다. 그러므로 순간순간에서 기쁨을 불러내고 일상적인 생활에서 즐거움과 보람을 누릴 수 있는 긍정적인 생활습관을 길러야 한다.

없는 것을 탐하느라 있는 것을 즐기지 못해서는 아니 된다.
남의 것을 탐하느라 나의 소중한 것을 놓쳐서는 아니 된다. 언제나 '고결한 비움의 마음과 즐기는 마음'이 나에게 주어지는 모든 것을 새롭게 하고 나를 행복하게 한다는 사실을 깨달아야 한다.

행복한 삶은 소박하다

인생가는 길 무엇과 같은가?

– 송나라 시인 소동파 –

사람의 인생이 무엇과 같은가

눈위에 찍힌 기러기 발자국 같네

오며 가며 눈위에 발자국은 남겼지만

날아가 버린 뒤에 어찌 동서를 알랴 (중략)

기구했던 지난 날을 기억하는가

길은 먼데 사람은 지치고

절름거리는 나귀는 울부짖었지

어느 맑은 가을 날이다.

오늘이라는 이 하루를 성실히 살아가기 위하여,

서점주인은 한 달에 한 두 번씩 방문하는 단골손님이 된 교수님을 찾는다. 가끔씩은 밀린 수금도 하고 신간서적도 안내하며 때로는 서로 재미나는 얘기를 나누기도 한다.

산골마을에서 태어난 서점주인은

가정형편이 어려워 겨우 중학교를 다닐 수 밖에 없었다. 그러나 그는 언제나 책을 좋아하였고 다정한 사람들과의 대화를 즐겨하였다. 그래서 '자신이 좋아하는 작은 서점을 이렇게 운영하는 계기가 되었다'고 자랑삼아 얘기한다.

그래도 가끔씩 대학정문을 들어서게 되면

때로는 못 배운 것이 서럽고 가슴이 설레기도 하였다. 이렇게 서점주인은 '힘든 세상도, 고마운 세상도, 서운한 세상도' 현실 속에서 체험하고 책 속으로 느끼면서 현실로 상상으로 두 배의 인생을 살아온 것이다.

오늘따라 여유로운 시간을 알아챈 서점주인이

먼저 교수님에게 유머 섞인 질문을 던져본다.

"교수님! 교수님께서는 사모님으로부터 한달 용돈을
얼마나 받으세요?"

"글쎄요? 사장님의 생각으로는 제가 얼마나 받을 것 같습니까?"
"정확히는 몰라도 저 보다는 훨씬 많이 필요할 것 같습니다."

"사장님, 그렇지 않습니다. 사실 제 용돈은 사장님에게 책값을 지불하는 것이 거의 전부가 됩니다."

"교수님, 그런 말이 어디 있습니까? 솔직히 말씀해 보세요?
아무리 '용돈이 필요 없다' 하여도 교통비는 있어야 될 것 아닙니까?"

"아닙니다.
저희 집이 제가 근무하는 학교 근처에 있어서 매일 걸어서 다니고 있습니다. 그래서 교통비는 필요가 없습니다."

"그럼 이발비는요?"

"보시는 바와 같이 제가 대머리라서 집에서 부인이 직접 가위로
간단하게 깎고 있습니다. 그래서 이발비도 필요가 없습니다."

"그럼 점심값은 있어야 될 것 아닙니까?"

"점심은 아내가 직접 마련해 주는 자연식 도시락을 가지고 와서 먹고 있습니다. 가끔씩은 집이 가까워서 집에 가서 먹기도 하고요. 그래서 점심값도 별도로 필요가 없습니다."

"그렇게 듣고 보니, 교수님께서는 정말 용돈이 거의 필요가 없을 것 같네요? 그러면 교수님께서는 매월 꼬박꼬박 받는 그 많은 급여를 모

두 어디에다 쓰세요?"

"그래요, 저도 그 사연이 매우 궁금하여 근무한지 20여년이 지난 작년 연말에, 아내에게 조심스레 한번 물어보았습니다."

"그런데 그때 아내의 대답은 실망스럽게도 '모아 둔 돈이 한 푼도 없다'는 것이었습니다. 나는 그 대답을 듣고서는 크게 화가 나고 기분이 상하여, 거칠고도 화난 목소리로 다시 아내에게 물어보았습니다."

"여보!
나는 거의 용돈도 쓰지 않고 가족들을 위하여 이렇게 열심히 검소하게 살아왔는데, 어떻게 당신은 '같이 살아온 20여년'이 지난 지금까지 '모아 둔 돈이 한 푼도 없다'는 게 말이 되나요?"

"그때 나의 얼굴은 굳어 있었고 목소리는 크고도 거칠었습니다.
그러자 아내는 나를 나무라듯이 차분하고도 부드러운 목소리로 말하였습니다."

"여보, 당신은 지금까지 당신을 위하여 돈을 벌었나요?
돈을 위하여 돈을 벌었나요? 아니면 가족의 행복을 위하여 돈을 벌었나요?" "그거야 당연히 우리가족의 행복을 위하여 돈을 벌었지요."

"여보, 행복의 적은 무엇인 줄 아세요?
바로 지금 당신이 보이고 있는 원망과 분노와 같은 못난 감정들이예요. 실망스럽게도. 지금 당신의 모습은 돈의 노예가 되어 사랑하는 아내보다 돈을 더 소중하게 여기는, 화에 물들은 못난 사람으로 보여요."

"여보, '지혜로운 아내는 남편을 귀히 여긴다'는 말을 아세요?
나는 당신을 아끼고 귀히 여기는 지혜로운 아내가 되고 싶어요.
진정 당신을 사랑하는 착한 아내로 살아갈 수 있도록 당신의 가슴속
에 품고 있는 못난 원망과 분노를 모두 버려주세요."

"그렇게 당신이 원망하지 않고 화내는 모습을 보이지 않는다면
나는 당신이 궁금해하고 있는 모든 사연들을 지금 다 말씀 드릴게요."

"나는 그때, 아내의 얘기에 고개를 끄떡이며 억지로 분노를 삼키기 시
작하였습니다. 그리고 아내는 차분하고도 부드러운 목소리로 다시 나
에게 말했습니다."

"여보, 사실은 조금 전 얘기한대로 지금까지 내가 모아 둔 돈은
한 푼도 없어요. 그러나 그 동안 아껴 온 돈으로 저축해둔 통장은 모
두 여기 있어요. 당신이 근무한 기간만큼 모아온 20개가 되지요."

"아이들의 교육을 위한 통장, 건강을 보살피기 위한 통장,
양가 부모님을 위한 통장, 해외여행을 준비하는 통장, 새집을 마련하
기 위해 적립해둔 적금통장, 미래의 안녕을 담보하는 보험통장 등을
각각 준비하며 모두 모아 두었어요."

"이렇게 모아 둔 하나하나의 통장을 들여다보면
우리 가족의 간절한 바램이 무엇인지도 알 수가 있고, 검소하게 살아
가는 삶의 과정도 하나하나 살펴 볼 수 있도록 일부러 각각의 통장을

만들어 두었지요."

"그렇게 당신이 필요한 용돈을 아껴오면서 성실히 살아왔듯이
나도 작은 푼돈까지 아끼면서 모두 여기 통장에 예금을 하였어요."

"당신의 머리를 내 손으로 직접 자르면서 나는 당신 뒤에서 몰래 눈물
을 훔치기도 하였고요. 당신의 도시락을 준비하면서, 맛있는 반찬을
넉넉히 마련하지 못한 안타까움에 마음 속으로 용서를 빌기도 하였지
요. 그리고 사랑하는 가족들을 자상하게 보살피는 당신의 고마움에
혼자서 감사의 눈물을 흘리기도 하였고요."

"그 언젠가 돌아가신 친정 엄마가 몹시도 보고 싶었을 때는
둥근 달을 바라보면서 생전에 용돈 한번 제대로 넉넉하게 드리지 못
한 나의 옹졸함에 한없는 회한의 눈물을 흘리기도 하였다오."

"여보! 그러나 그렇게 힘든 삶 속에서도 고마운 당신이 내 곁을 지켜
주었기 때문에 나는 그 모두를 참고 견딜 수가 있었어요. 그래서 당신
은 언제나 나에게 가장 고맙고도 멋진 남편이 되어왔답니다."

그때, 나는 진지하고도 고마운 아내의 얘기에 어쩔 줄을 몰랐습니다.
나는 그때, 대학교수의 지위가 한없이 부끄러웠고 못난 나의 인품에
스스로 분노하였습니다. 돈을 밝히려는 나의 천박함이 미웠고, 분노
를 조절하지 못한 나의 못난 성품이 한스러웠으며, 아내가 유머로 하
는 얘기를 끝까지 받아들이지 못한 나의 옹졸한 마음이 창피스러웠습
니다.

왜 이토록 착한 아내를 믿지 못했을까?

왜 삶의 시선이 돈에만 집착하였을까? 왜 끝까지 얘기를 듣지 않고 성급하게 분노하고 원망하였을까? 왜 좀 더 부드럽고 다정스레 물어볼 수 없었을까?

"이렇게 못난 나 자신을 원망하고 후회하면서 언젠가 사장님께서 저의 사무실로 찾아오실 그 날을 손꼽아 기다리고 있었습니다. 그리고 사장님에게 꼭 한번 물어보고 싶었습니다.

이런 분노의 감정은 왜 생겨나는지? 어떻게 사장님께서는 '아무리 힘들고 어려운 상황에서도 한결같이 밝은 모습을 보일 수 있나?' 하고요."

"교수님, 분노는 못난 감정의 마음입니다.
분노는 대부분 옹졸하고 이기적인 마음에서 생겨납니다."
"그래서 성숙한 어른이 되면 철없는 아이들의 잘못을 대부분 이해합니다. 그리고 그들의 잘못에 대하여 '분노할 가치가 없다'는 사실도 알게 되고요. 왜냐면 어른들의 마음은 아이들의 마음보다 더 성숙되고 관대하고 너그럽기 때문입니다."

"이렇듯 너그러운 마음은 사랑과 용서를 가까이하고 분노와 증오를 멀리하는 성숙된 마음입니다. 큰 산은 서로 멀리 떨어져 있어 서로에게 상처를 주지 않습니다. 큰 산의 너그러운 자태가 대자연의 신비를 품어 내듯이, 너그러운 마음은 시비와 분노를 멀리하고 그 속에 사랑과 용서를 담고 있는 크고도 넓은 마음입니다."

"교수님은 자신의 잘못을 스스로 인정하면서도 사모님께 용서를 바라는 맑은 영혼의 기운을 갖고 있습니다. 그리고 사모님의 상처를 달래 주려는 따뜻한 마음을 간직하고도 있고요."

"먼 훗날 더 위대한 정신의 소유자가 되면, 교수님은 나쁜 감정 앞에서 멈추고 그 감정을 차분히 관찰하는 여유를 갖게 될 것입니다. 그때 분노는 본래 나의 것이 아니라 스쳐 지나가는 바람과 같이 사라지는 '허무한 존재가 된다'는 사실도 알게 되고요."

이렇게 서로의 얘기를 마치자, 서점주인은 가벼운 마음으로 문을 나선다. 그리고 자신이 지금까지 살아온 소박한 인생길을 더듬어 본다.

소박한 삶이란 어떤 삶일까?
소박한 삶이란 작은 가치에서도 큰 기쁨을 찾아내는 간소한 삶이다. 탐심이 없어 집착이 없고 지나침이 없어 괴로움이 없다. '감사 절제 비움'의 지혜가 모두 그 안에 담겨있다.

'소박한 삶'이란 돈이나 명예와 같은 욕망을 채우는 것이 아니다.
그 의미를 채우는 것이다. 기쁨을 채우고 사랑을 채우며 행복을 채우는 삶이다. 모든 행복은 처음에는 '지극히 작은 것에서 출발한다'는 세상의 이치를 실천하는 삶이다.

우리의 삶은 단순하게 살아가면 쉽게 만족할 수 있고 쉽게 기뻐할 수 있다. 그리고 삶의 가치와 질서가 명료하게 된다. 그러나 복잡하게 살아가면 걸림이 많아지고 근심도 많아진다.

먼저 '단순하고 소박하게 살아가고자 한다'면

반드시 있어야 할 것과 버려야 할 것을 분별하는 지혜를 가져야 한다. 우선 지나친 탐욕은 버려야 한다. 헛된 것을 탐하고 남의 것을 탐하며 분수에 어울리지 않는 것을 탐해서는 아니 된다.

'많이 먹는다'고 우리의 몸이 건강해지는 것은 아니다.
꼭꼭 씹는 음식에서 진미를 느낄 수가 있듯이, 오히려 단순하고 소박한 것에 열정을 바칠 때 삶의 보람은 크게 느낄 수가 있다. 알고보면 세상의 복은 많은 것을 갖는 것에서 오는 것이 아니다. 언제나 가진 것에 만족하는 소박한 마음에서 온다.

고대 그리스 철학자 소크라테스는 '우리가 필요로 하는 것이 적어질수록 신에게 더 가까워진다'라고 하였다. 소로우는 '간소하게 간소하게 살라! 제발 바라건대 그대의 일을 두 가지나 세가지로 줄일 것이며, 백 가지나 천 가지가 되도록 하지 말라'고 충고하였다.

이렇듯 문인이나 철인과 같은 소박한 정신의 소유자들은 지나치게 명예롭거나 부유한 삶을 바라지 않는다. 오히려 단순한 삶을 더 좋아한다. 왜냐면 진정 불필요한 것에 자유로워야 자신이 가진 소중한 것에 대하여 뜨거운 애정과 불타는 열정을 모두 바칠 수가 있기 때문이다.

그래서 그들과 같이 마음이 선하고 소박한 사람들에게는 재물 명예 지위가 보편 서럽게 보인다. 화려하고 사치스러운 것이 고귀해 보이지 않으며 편안하고 선함이 좋아 보인다.

소박한 마음이란 아무것도 갖지 않는 것이 아니다.
불필요한 것을 덜어내고 쓸모없는 군더더기를 없애는 것이다. 없어서 부족함을 느끼는 것은 소박한 마음이 아니다. 부족한 듯 하면서도 언제나 비움의 기쁨을 누릴 수 있을 때 그때 비로소 소박하게 살아갈 자격이 있는 사람이 된다.

삶의 철학을 가져라!

늙은 철학자의 마지막 말

- 영국시인, 새비지랜더 -

나는 그 누구와도 싸우지 않았다.
싸울만한 상대가 없었기 때문에

자연을 사랑했고
자연 다음으로 예술을 사랑했다.

나는 삶의 불 앞에서 손을 쬐었다.
이제 그 불길 가라 앉으니
나 떠날 준비가 되었다.

우리의 인생은 즐겁고 보람되어야 한다.

그리고 참되고 행복해야 한다. 그런 가치 있는 삶을 살아가기 위하여 는 먼저 인생의 의미를 더 높은 곳으로 인도할 수 있는 '올바른 삶의 철학'을 가져야 한다. 그러나 아직까지 그 어느 누구도 올바른 삶의 철학을 찾아내지 못하였다.

인간은 무엇 때문에 사는 것일까?

톨스토이는 82년의 긴 인생을 이 문제로 고민했다. 칸트도 소크라테 스도 이 질문을 하였다. 여기 간간히 외쳐온 그들의 얘기를 한번 들어 보자.

아주 멀고 먼 옛날에는 대부분 신의 존재를 믿었다.

그리고 '신이 모든 존재를 창조하고 운영한다'고 생각하였다. 그래서 이 세상에는 신이 심판하는 선악이 별도로 존재하며 '선한 일을 하면 복을 받고 악한 일을 하면 반드시 하늘에서 천벌을 내린다'고 생각하 였다.

그러나 그 언젠가부터 이러한 신에 대한 믿음을 부정하고 현실세계를 긍정하는 상식의 혁명을 일으킨 니체의 '허무주의'가 나타났다.

그들은 말한다.

"신이 말한 선악의 규범을 가장 많이 어긴 것은 교인들이다. 오히려 착실히 지킨 자들만 손해를 본다. 그러므로 '신의 소리를 들을 수 있다'는 교인들이 하는 말을 우리는 진정으로 믿을 수가 없다"라고 하였다.

그래서 그들이 생각하는 삶에는 신은 없었고 미래도 그렇게 중요하지 않았다. 다만 지금 이 순간 '자신의 현실이 어떠한가' 하는 것이 더 중요하였다.

삶이란 무엇인가?
"인간은 다만 먹이를 나르다 죽어 없어질 한 마리의 벌레와 같은 존재일 뿐이다. 차라리 깨닫지 못하는 것이 낫다"라고 그 당시 '허무주의' 자들은 주장하였다.

그러나 학문이 급속히 발전하는 역동의 시대가 열리면서
이러한 미신과 허무의 시대는 점차 사라지고, 오로지 '자신의 생각과 지혜'의 힘으로 독립된 자신의 삶을 살아가야 한다는 새로운 '합리주의' 시대가 열렸다.

데카르트는 '나는 생각한다 고로 나는 존재한다.' '모든 것을 의심한다 해도 의심하고 있는 내가 존재한다는 사실을 의심할 수는 없다'라고 주장하였다.

그러나 이러한 합리주의에 대하여도
그 사상의 근간이 되는 '생각과 지혜의 인식능력에 분명 한계가 있다'는 회의론이 생기기 시작하면서, "내가 존재한다. 세계가 존재한다. 나는 세계를 인식한다"며 인간의 '주체적 의지'를 강조하는 새로운 '실존주의'가 등장하였다.

사르트르는 '실존은 본질을 앞선다. 인간은 본질보다 먼저 존재한다' 그러므로 '자신의 의지로 새로운 의미를 만들며 주인의 삶을 살아가야 한다'라고 주장하였다.

그러나 다시 시대가 바뀌고 세월이 흘러
이러한 주체적 의지를 뒤흔드는 '무의식'의 사고를 '프로이트'가 밝혀내면서, 지금까지의 실존주의사상을 뒷자리로 물러나게 하는 새로운 '구조주의'철학이 출현하였다.

그들의 주장은 인간의 사고와 행동은 자신도 모르는 '무의식'에 조종당하고 있다. 사실상 '나의 의지가 아닌 다른 무엇이 나의 행동을 조종한다'라고 하였다.

그러나 우리 인간은 자신도 모르는 무언가에 지배당하며 살아가고 있는 듯 하지만, 사실상 그 구조를 의식적으로 알아차릴 수 있는 방법이 없다. 물고기가 넓은 바다의 세계를 알지 못하고 새가 자연 속의 지구를 모르며 살아가듯이, 인간이 무한한 우주의 구조를 파헤치려는 노력은 아무런 소용이 없다.

그러므로 영혼을 찾으려 하지 말고 우주의 끝을 알려고 하지 마라! 알려고 하는 그 마음을 내려놓아라! 그것이 그 시대의 사상과 철학을 부정하며 사고의 한계를 설파하는 '포스트 구조주의'이다.

이처럼 지금까지의 모든 철학과 이념은 이전시대의 사상을 무너뜨리며 발전해온 자기 모순을 드러내는 불완전한 사상이 될 수 밖에 없었다.

그러면 과연 지금의 우리는 무엇 때문에 살아가는 것일까?
그것은 오랜 인류의 역사가 진화하는 과정에서 만들어진 '살아남고자
하는 생존의지, 언젠가는 나도 잘 살겠지 하는 막연한 기대심리, 그리
고 다가 올 죽음에 대한 두려움과 공포'가 우리의 몸과 마음속에 그대
로 녹아서 유전되어 오기 때문이다.

그래서 인간은 자기를 지키기 위하여 남과 싸워서 이겨야 하며
힘든 세상을 살아가기 위하여 삶의 철학도 모르는 채 욕망의 노예가
되어가며 살아가고 있다.

그러므로 보다 깨우친 마음으로 참된 삶을 살아가기 위하여는
자기를 복되게 하고 주위를 아름답게 하는 숭고한 삶의 철학이 있어
야 한다.

본래 '철학은 지혜를 담은 한 사람의 그릇이다'
우리는 철학을 통하여 자신의 지성을 튼튼하게 하고 세상을 바라보는
시야를 높인다. 그래서 향기로운 삶에는 언제나 맑고 밝은 철학이 함
께하여왔다.

어느 인생길을 택할 것인가?

가지 않은 길

- 미국시인 프로스트 -

노란 숲 속에 길이 둘로 갈라져 있었다.
안타깝게도 두 길을 한꺼번에 갈 수 없는
한 사람의 여행자이기에
오랫동안 서 있었다
한 길이 덤불 속으로 구부러지는 데까지
눈 닿는 데까지 멀리 굽어보면서

그리고 다른 한 길을 택했다
똑같이 아름답고
아마 더 좋은 이유가 있는 길을 (중략)

어디에선가 먼 먼 훗날
나는 한숨 쉬며 이 이야기를 하고 있겠지
숲 속에 두 갈래 길이 있었다고. 그리고 나는
사람들이 덜 걸은 길을 택하였고
그로 인해 모든 것이 달라졌다고

✿ 어느 길을 자신의 인생길로 택할 것인가?
그것은 자신이 꿈꾸는 희망의 길이 자신의 인생길이 된다.
희망은 미래를 자신의 길로 안내하는 '길잡이'이다.

여행을 하는 사람들도 각자 자신이 가고자 하는 목적지가 따로 정해져 있듯이, 우리의 인생도 자신의 목표를 미리 정하여 그 길을 가야 한다. 가지 못한 길에 후회하지 말고 자신이 선택한 희망의 길에 뜨거운 애정과 열정을 보내야 한다.

우리가 선택할 수 있는 보편적인 인생길에는
"즐거운 인생길, 보람된 인생길, 화려한 인생길, 무위의 인생길"
4가지의 길이 있다.

첫째 '즐거운 인생길'은 긍정적 정서를 체험하는 감성적인 삶이다.
삶의 의미를 즐거운 과정에 두며 살아가는 단순하고 평범한 인생길이다. 그들이 꿈꾸는 삶의 과정은 즐거움이 바탕이 되어야 하며, 삶의 행복은 언제나 '즐거운 마음에서 시작되어야 한다'는 것이다.

그러나 자못 느낌만을 추구하는 감성적인 욕망이 강해지면
그때는 안일과 탐닉에 젖어 이기적인 쾌락과 향락에 빠져들기 쉽고 감정의 조절이 어려운 경우가 많다. 서로 시기하고 질투하며 비난하고 원망하기 쉽다. 즐거우나 보람이 작고 기쁘나 오래가지 않는다.

그래서 '즐거운 삶'에는 흩날리는 낙엽과 같이 삶의 뿌리는 약하고 삶의 의미는 얕아서 큰 성취감이 없다. 그냥 평화로운 일상만을 추구하며 살아가는 대체로 작고 좁은 인생길이다.

물론 인생사에 너무 의미를 두고 골몰하게 살아갈 필요도 없지만 그렇다고 '인생이 허무하다'고 하여 그냥 즐거운 기분으로만 살아가서도 아니 된다. 언제나 작은 꿈은 작은 집을 지을 수 밖에 없다. '그냥 즐기며 대략 살아가고자 한다'면 결코 쉽게 행복해 질 수 없다.

'즐거운 인생길'에는 상당수의 평범한 서민들의 삶이
여기에 해당될 수 있다.

둘째 '보람된 인생길'은 삶의 의미를 '보람'에서 찾는 삶이다.
주로 지혜와 의지의 성품으로 살아가는 성실한 삶이다. 단순하고 감성적인 즐거움보다는 자신의 신념과 열정을 바쳐 그 결과가 안겨주는 기쁨과 보람에서 행복을 찾는 삶이다.

예를 들면 '농부의 피땀 어린 정성이 풍성한 수확을 거두고, 창조적인 사업가가 큰 성공을 이루어 내며, 헌신적인 의료인이 갈고 닦은 의술로써 새 생명을 구하는 등에서 기쁨과 보람을 얻는 삶이 된다.'

문인 사업가 과학자 의료인 등
대다수의 성실하고 창조적인 사회인이 여기에 해당될 수 있다.

셋째 '화려한 인생길'은 요란하고 반짝이는 감성적인 삶이다.
언제나 주위 사람들의 관심과 사랑을 한 몸에 받고 싶어한다. 상대보다 '더 많고, 더 높고, 더 앞서면서' 상대방이 보내는 부러움과 칭찬이 그들의 기쁨이 되고 자랑이 된다.

그들의 성품은 대체로 감성적이며 쟁취하려는 의지와 탐심이 강하다. 성취하면 교만하고 채우면 오만하며 이루지 못하면 분노한다. 그래서 자신의 영욕과 재능에 끼를 바쳐 항상 승리자의 기분으로 살아가고 싶어한다.

그러나 참된 행복은 서로 다투며 쟁취하는 것이 아니다. 많다고 자랑하는 것도 아니다. 언제나 삶의 과정에서 기쁨을 찾고 의미를 채우며 그 과정을 음미하는 것이다.

상당수의 정치인 연예인 스포츠인 등의 삶이 여기 "화려한 인생길"을 걷고 있다고 할 수 있다.

끝으로 '무위의 인생길'은 노자가 말하는 인간이 도달할 수 있는 가장 높은 경지의 삶이다. 자기를 내세우지 않고 순리대로 다스려 나가는 삶이다. 억지가 없어 자연스럽고 집착이 없어 지나침이 없다.

무위는 자연스럽게 저절로 이루어지는 것. 마음에 아무런 의도가 없이 행하는 것을 말한다.

숙련된 운전사도 자동차를 운행할 때는 자연스레 힘을 빼고 핸들을 부드럽게 조절하듯이, 우리가 하는 일도 지나치게 억지를 부리거나 욕심을 부리는 것 보다, 오히려 자연스러울 때 일이 쉽게 잘 풀리는 것을 우리는 경험할 수가 있다.

이렇듯 무위의 삶은 스스로 다스리고 스스로 이루어진다.

열정을 다하나 자연스럽고 최선을 다하나 애씀이 없다. 탐심을 버려 영혼을 맑게 하고 분노를 없애 마음을 안정되게 한다. 결과에 집착하지 않고 과정에도 지나치게 수고하지 않는다.

세상의 향기를 전하는 문인, 삶의 길을 안내하는 철인, 믿음과 깨달음으로 현실과 공의 세계를 넘나드는 신앙인 등의 삶이 여기 중도의 길을 따르는 '현자의 삶'이라 할 수 있다.

바른 삶의 자세는?

그 사람을 그대는 가졌는가?

- 사학자 함석헌 -

그 사람을 가졌는가?
멀리 길 나서는 날
처자를 내 맡기며 맘 놓고 갈만한 사람
그 사람을 그대는 가졌는가?

온 세상 다 너를 버려 마음이 괴로울 때도
'너 뿐이야'하며
믿어주는 그 사람을 그대는 가졌는가?

탓 던 배가 가라 앉을 때
구명대를 서로 사양하며
'너 만은 제발 살아다오! 할
그 사람을 그대는 가졌는가?

온 세상의 '예' 보다 '아니오'라고
가만히 머리 흔들어 진실로 충언해주는
그 한 사람을 그대는 가졌는가?

맑고 고운 가을 어느 날!

시골 어느 초등학교에서, 보고 싶은 벗과 그리운 선후배가 모이는 총동창회 모임이 열렸다. 정든 교정에서는 오늘따라 가을바람 불어오고 솔 향기 그윽하다.

넓은 운동장을 가득 메우며 함께 뛰놀던 한 때의 철없던 소년 소녀들이 여기 이렇게 당당한 사회인의 모습으로 나타나서 새로 지은 강당을 가득 메우고 있다.

유구한 역사와 전통을 자랑하는 모교! 존경하는 스승님들!

숙제를 안 해가서 손바닥을 맞기도 하였다.
도시락이 없는 친구와 잘 익은 감자를 나누어 먹기도 하였다. 그때는 친구의 고급 크레파스가 부러웠고, 새 가방이 괜히 심통이 난 때도 있었다. 그래도 그때의 추억이 그립다.

어디에서 살고 있나? 무슨 일을 하고 있나? 건강은 어떠하냐?
삶의 안부를 묻기도 하고 들어도 본다.

공식행사가 마무리 되어가자,
모교를 자신의 목숨같이 아끼고 사랑하시던 옛 교장선생님이, 마지막으로 제자들에게 '어떻게 하면 훌륭한 사회인이 될 수 있는가'에 대한 질문을 받는다.

여기 모인 제자들 중에는 훌륭한 정치인도 있고 정의로운 법조인도 있다. 성실한 직장인도 있고 소박한 농부도 있다. 그리고 저쪽 자리에는 말 잘하는 언론인도 있고 꿈이 큰 사업가도 앉아있다.

먼저 의로운 꿈을 지닌 정치인이 질문을 한다.
"먼저 이렇게 유망한 사회인으로 성장할 수 있도록, 저희 제자들을 잘 이끌어 주시고 깨우쳐주신 크고 높으신 스승님의 은혜에 깊은 감사를 드립니다."

"스승님! 저는 주위를 보다 아름답고 풍요롭게 하는 위대한 지도자가 되고 싶습니다. 어떻게 하면 의로운 그 길을 갈 수 있는지? 저희에게' 훌륭한 사회인이 될 수 있는 삶의 자세를 깨우쳐 주십시오' 이런 영광스런 자리에서 스승님의 큰 가르침을 부탁 드립니다."

그래 좋은 질문이다.

"사랑하는 나의 제자들아!"
우리가 소망하는 위대한 꿈은 모두 그저 쉽게 이루어지는 것이 아니다. 우리가 살아가는 집도 그 기초가 튼튼해야 하듯이, 우리의 삶도 반드시 바른 삶의 토대 위에서 밝은 지혜와 뜨거운 열정으로 헤쳐나가야 한다.

우리가 갖추어야 할 '바른 삶의 자세'는
언제나 '바르게 보고, 바르게 받아들이고, 바르게 행하는 것'에 있다.

첫째 의미 있는 대상을 '바르게 보아야 한다.'

지금 자기 앞에 놓여있는 대상을 바르게 보지 못하고서는 참된 삶을 선택할 수가 없다.

그럼 우리는 무엇을 바로 보아야 하나?
그것은 바로 '자신의 마음'과 '세상의 이치'가 된다.

먼저 '자신의 마음'을 바로 보아야 한다.
자신의 마음을 바로 보아야, 자신을 바르게 깨우칠 수 있고 바르게 다스릴 수가 있다. 한 사람의 가장 위대한 능력은 '자신을 바로 볼 수 있는 힘에 달려있다'는 사실을 너희들은 명심해야 한다.

지금 자신의 마음속에 '지나친 욕망, 이기적 집착, 분노, 어리석음'과 같은 허망 된 것이 있는지를 바로 보아야 한다. 밖에 있는 남의 잘못을 찾느라 안에 있는 자신의 어리석음을 보지 못해서는 아니 된다.

다음으로 '세상의 이치'를 바로 보아야 한다.
세상의 이치를 바로 보기 위하여는 밝은 지혜를 쌓고 통찰력을 길러야 한다. 그리고 고통이 전해주는 진정한 의미를 찾아내고 탐욕의 끝이 안겨주는 실망을 미리 알아차려야 한다.

만약 허기진 탐심을 다스리지 못하고, 주어진 고통의 의미를 자신의 에너지로 받아들이지 못한다면, 결코 지적인 힘을 지닌 위대한 사람이 될 수가 없다. 그리고 변화 속에 있는 '인생의 무상함'을 알고, '비움의 마음'이 사람의 마음을 한없이 착하게 한다는 공의 이치도 깨달아야 한다.

고대 그리스 철학자 피타고라스도 '이 세상에서 가장 중요한 일이 무엇이냐? 그것은 바로 '인생을 어떻게 살아야 하느냐 하는 것을 가르쳐 주는 일이다.'라고 말했다.

둘째 '바르게 받아들여야 한다.'

우주의 산물인 우리는 몸과 마음으로 '세상의 기운'을 받아들인다. 몸으로는 '자연의 기운'을 마음으로는 '생각의 기운'을 받아 들인다.

몸을 이롭게 하는 자연의 기운에는 '맑은 물, 깨끗한 공기, 따뜻한 햇볕'이 있다. 그리고 마음을 이롭게 하는 생각의 기운에는 '맑은 의식, 밝은 지혜, 고결한 철학'이 담겨있는 '긍정적인 생각'이 된다.

그러므로 자연의 기운을 전해주는 맑고 쾌적한 환경 속에서 오래 머물고, 기쁨의 에너지가 넘쳐나는 '긍정적인 생각'을 언제나 가슴속에 품고 살아가야 한다.

셋째 '바르게 행하여야 한다.'

언제나 바르게 말하고 바르게 실천해야 한다.
바른 삶의 실천은 '확고한 의지, 밝은 지혜, 불타는 열정'이 함께 만들어 내는 삶의 결정체다. 아무리 대상을 바르게 보고 바르게 받아들여도, 그것을 바르게 행하지 않으면 의를 따를 수 없고 효를 행할 수 없으며 선을 실천할 수가 없다.

이런 바른 삶의 토대 위에서

우리 모두는 자신을 복되게 하면서도 세상을 이롭게 하는 '의로운 삶'을 실천하여야 한다. 다시 말하면 서로의 정성이 서로의 기쁨이 되고 서로의 행복이 되어야 한다. 어떠한 일이 있어도 나의 기쁨이 상대의 슬픔이 되어서는 아니 된다.

이상과 같은 바른 삶의 자세를 살펴보는 한가지 방법으로는 여씨춘추에서 얘기하는 '팔관육험법'이 있다.

- 잘 나갈 때 어떤 사람을 존중하는가.
- 높은 자리에 있을 때 어떤 사람을 쓰는가.
- 부유할 때 어떤 사람을 돌보는가.
- 남의 말을 들을 때 어떤 자세를 취하는가.
- 한가할 때 무엇을 즐기는가.
- 친해진 뒤에 무슨 말을 털어놓는가.
- 좌절했을 때 지조가 꺾이는가.
- 가난할 때 무엇을 하지 않는가.

사랑하는 나의 제자들아!
끝으로 아무리 우리가 베풀고 싶어도 내 것이 없으면 나누어 줄 것도 없는 것이 세상의 이치다.

따라서 너희들의 뜨거운 가슴속에는 언제나 나누고 베풀 수 있는 '따뜻한 사랑과 밝은 지혜의 힘'이 듬뿍 담겨있어야 한다. 사랑스런 마음으로 이웃을 보살피고 밝은 지혜의 힘으로 세상을 밝히는 그런 당당하고 자랑스런 나의 제자가 되어야 한다.

'나의 가슴속에는' 아직도 어릴 적 너희들을 지켜 본 애틋한 사랑의 꽃망울이 고이 간직되고 있다. 나는 그 꽃망울이 언젠가 거룩한 세상을 향하여 '정의를 부르짖고, 사랑을 외치는 위대한 모습'으로 활짝 피어나기를 간절히 소망할 것이다.

멀리서나마 너희를 응원하마! 언제나 건승을 빈다!

3. 위대한 정신의 장

먼저 자신을 위대하게 만들라!

위대한 정신은 남과 경쟁하지 않는다

옛 선조들의 삶은 위대했다

먼저 자신을 위대하게 만들라!

회향

- 시인 박노해 -

부처가 위대한 건!

버리고 떠났기 때문이 아니다
고행했기 때문이 아니다
깨달았기 때문이 아니다

크게 돌려 세상을 바꿨기 때문이다

사업에 실패를 하고 실의에 젖어있는 한 젊은이가 있었다. 그에게 남아있는 것은 감당할 수 없는 빚더미와 불쌍한 가족들, 그리고 서재의 한쪽 벽을 가득 채우고 있는 낡은 책들이 전부였다.

이렇게 가난이 집안을 방문한 이후로는 그를 향한 시선이 남편은 남편이 아니었고 친구는 친구가 아니었다. 다만 주위의 멸시와 실망을 안고 살아가는 가련한 신세가 될 뿐이었다.

그러나 그는 이런 시련의 갈림길 위에서 많은 생각을 하게 된다. 그는 지금까지 잊고 있었던 자신을 발견하고, '소중하지 않은 것은 먼저 자기 곁을 떠나간다'는 세상의 이치를 깨닫게 된다. 그리고 '위대한 것을 얻기 위하여는 반드시 크게 버려야 할 것이 있다'는 사실도 알게 된다.

그는 오늘도 평상시와 같이 아침 일찍 집을 나와 맑은 물이 흐르고 시원한 바람이 불어오는 집 가까이에 있는 '유명산'을 찾는다.

그리고 하루의 쉼터를 마련하기 위하여 잎이 무성한 나무 밑에서 돗자리를 깔아놓고, 때로는 앉기도 하고 편안히 눕기도 해본다. 고맙게도 하늘은 파란지붕이 되고 나뭇잎은 아름다운 천장이 되며 작은 돗자리는 아늑한 방바닥이 되어준다.

이렇게 마음 속으로 자연의 은혜에 고마움의 인사를 나누면
그는 언제나 조용한 마음으로 책을 펼친다. '삶 성실 욕망 믿음 사랑'
을 설명하는 책 속의 한 구절 한 구절을 읽어가며, 의미 있는 생각이
머리에 떠오르면 그의 마음은 기쁨의 상상을 불러 모은다.

이런 생각 저런 생각으로 하루 해를 보내고 다시 저녁 노을이 서산을
물들이기 시작하면, 그는 언제나 조용한 마음으로 책을 덮는다. 그리
고 아름드리 나무에게 '오늘도 고맙다'는 작별인사를 한다.

오늘따라 내려오는 발걸음이 가볍다.
한참을 걷다 보니 그를 기다리는 듯 오래된 '자판기' 하나가 길가에
서있다. 왠지 따뜻한 커피 한잔이 마시고 싶다. 그러나 그는 자판기
앞에서 한참을 망설인다.

'커피한잔은 200원'
지금 그의 호주머니 속에는 한달 내내 지니고 다니던 300원이 들어있
다. 그러나 그는 호주머니에서 꺼낸 동전 200원을 다시 집어넣는다.

왜냐면 만약 오늘 이 돈으로 지금 내가 '원하는 커피를 뽑아 마신다'
면 다시 마시고 싶어하는 어느 날에는 커피를 마실 수가 없기 때문
이다.

말없이 하늘을 바라본다.
해는 노을을 남기고 있는데 아직도 짝 잃은 반달 하나는 외로이 서산
에 걸려있다. 한동안 서러움과 씁쓸한 기분이 머리를 스친다. 돈 때문일

까? 못난 자신 때문일까? 커피한잔이 이렇게도 마음을 서글프게 한다.

바로 그 순간! 그는 위대한 깨우침을 얻게 된다.
밝은 저 달이 어두운 밤길을 밝히듯, 만약 지금 '이 시련의 순간을 당당하게 극복할 수 없다'면 다시는 이렇게 나 자신을 시험할 수 있는 '소중한 기회가 찾아오지 않는다'고 생각한 것이다.

그래서 그는 기쁜 마음으로 그토록 마시고 싶어하는 커피를 참을 수가 있었다. 그에게는 200원이 아까웠다. 왜냐면 300원이 그의 전 재산이 되었기 때문이다.

이처럼 위대한 정신의 소유자는
다른 사람들이 생각하지 못하는 것을 생각하고, 다른 사람들이 행동할 수 없는 것을 실천하며, 다른 사람들이 인내할 수 없는 것을 기꺼이 참아낼 수 있어야 한다.

그래서 위대한 정신은 언제나 맑고 밝고 지혜로우며 한없는 에너지를 품고 있는 '탁월한 사람들의 것'이 된다.

오늘도 새날이 밝았다!
노란 단풍잎은 온 산을 물들이고 길 옆 작은 개울에서는 맑은 물이 흐른다. 그리고 개울 건너 작은 토담집에서는 귀여운 강아지가 홀로 빈 집을 지키고 있다.

얼마를 오르다 보니 그의 눈이 어제 내려올 때 만난 커피자판기 앞에서 멈춘다. 반갑게도 그 옆 긴 벤치에는 누군가 아름다운 여인이 홀로 앉아있다. 오늘따라 여유로운 의자가 한없이 고맙게 생각된다. 그는 슬며시 그녀 옆에 남아있는 빈자리에 앉는다.

아름다운 그녀의 모습은 하늘의 선녀를 닮은 듯 맑고 곱게 보인다. 어떻게 이토록 아름다울 수가 있을까! 그러나 고운 그녀는 무심한 듯 먼 하늘만을 바라보고 있다.

그는 설레는 마음으로 고이 간직해둔 동전 200원을 꺼내 예쁜 그녀에게 커피를 뽑아서 건네준다. 그리고 곰곰이 생각해 본다. 만약 어제 '이 돈으로 내가 원하는 커피를 뽑아 마셨다'면 자신은 지금 이 여인을 이렇게 기쁘게 할 수가 없다. 그는 어제의 인내와 판단에 다행스런 생각이 들었다.

따뜻한 커피를 마시면서 그녀는 보이지도 않는 이야기 보따리를 풀어놓기 시작한다. 자기는 '산을 좋아하고 맑은 물이 흘러내리는 계곡을 좋아하며 향기를 전해주는 꽃과 나무를 사랑한다'는 것이다.

그래서 '소박한 자연의 모습'을 화폭에 담고 싶어 수려한 산수화를 그리는 위대한 화가가 되는 것이 '그녀의 꿈이 된다'고도 하였다.

서로는 이름도 묻지 않고 나이도 묻지 않는다. 그러나 마음 한구석에는 언제나 서로 자연스럽게 만나서 다정스런 대화를 나눌 수 있는 편안한 친구가 되었으면 하는 간절한 바람을 간직하고 있었다. 저렇게 많은 물이 계곡에서 흐르는데도 서로의 목마른 바램은 상대의 가슴속에서 맑은 샘물을 찾고 있었던 것이다.

몇 일이 지난 어느 날, 서로는 약속한다.

누군가 혼자서 먼저 계곡을 오르는 날이면 길 모퉁이에 서 있는 큰 나무 밑에 '둥근 돌'을 올려두고, 반대로 먼저 내려가는 저녁시간이면 그 돌을 내려놓기로 약속하였다.

돌이 얹혀 있는 날이면 서로는 만남의 기쁨이 미리 가슴속에서 요동치고 있었다. 이렇게 서로는 거의 하루도 빠짐없이 산을 찾았다. 그들에게는 비가 오는 날이 미웠고 바람 부는 날이 원망스러웠다.

오늘도 자판기 앞에서의 그의 발걸음은 빨라진다.

왜냐면 남겨둔 동전 100원으로는 커피를 살 수가 없기 때문이다. 그러나 그녀의 마음은 벌써 그 모두를 알고 있는 듯 하였다. 실망한 것일까, 후회한 것일까, 언젠가부터 예쁜 그녀의 모습은 보이지 않는다.

아직도 저렇게 불타는 가을이 남아있는데!

아직도 길 옆 감나무에서는 외로운 까치가 혼자서 자기 감을 찾고 있는데! 맑고 고운 그녀의 모습은 그 어디에서도 찾을 수가 없었다.

그러나 그는 보고 싶은 그녀를 원망하지 않았다.

그리고 가련한 자신을 미워하지도 않았다. 오히려 그는 자신을 위로하고 사랑해야만 하였다. 왜냐면 상처투성이가 되어있는 자신의 마음이 또 다시 보고 싶은 그녀 때문에 아파해서는 아니 되었기 때문이다.

먼 훗날, 어느 일간지에 그녀의 사진이 실렸다.

그 밑에 궁금했던 이름도 있었고 나이도 알게 되었다.

긴 머리를 한 그녀의 사진 속 모습은 곱게 미소를 짓고 있었다.

그 여인은 국전에서 영광스런 대상을 입상하였으며
외국에 가서 다시 그림공부를 할 계획이라고 하였다. 그녀는 덧붙였
다. '자연을 사랑하였기에 살아 숨쉬는 자연의 모습을 그릴 수 있었
다'라고, 그리고 '자신의 삶은 언제나 자연을 사랑하는 사람들과 함께
하고 싶다'고도 하였다.

다시 10여년이 지났다.
그 남자는 크게 사업이 번창하였다. 그리고 그녀는 가을 어느 날,
귀국 전시회를 개최하였다. 중년숙녀가 된 그녀는 그의 부부를 반갑
게 맞이 하였다. 여유롭고 조화로이 걸려있는 그림들은 그들 부부를
정겨운 자연 속으로 안내하는 듯 하였다.

바로 그 순간, 반대편 구석에 걸려있는 '수묵화'가 눈에 띄었다.
그는 심장이 멎을 것 같았다. 그때의 그 모습들이 그림 속에 그대로
담겨 있는 것이다. 쉼터 뒤 편에는 웅장한 산이 있고, 가운데는 깊은
계곡이 있으며, 계곡 옆 큰 나무 아래에서는 누군가 단 둘이서 다정스
레 얘기를 나누고 있었다.

그림 속의 정경은 그때처럼 무더운 여름인 듯 보인다.
맑은 물도 흐르고 시원한 바람이 불어와 나뭇가지도 흔들리는 듯 하
다. 아래 길 옆에는 아직도 희미한 자판기 하나가 홀로 서 있다.

마음 하나로 우리의 인생을 살아가듯이
먹물 하나로 그때의 그 모습들을 그대로 담고 있었다. 그림 밑에는
'비매품'이라고 적혀 있었다. 아내가 잠깐 자리를 비우자 그녀가 다가
왔다.

"선생님! 진정 혼을 담아 그린 작품은 이 그림입니다.
그때의 행복했던 추억을 그리워하고 보고 싶은 선생님을 생각하면서
정성을 다하여 그린 작품입니다. 꼭 선생님께 드리고 싶었습니다. 기
꺼이 받아주십시오!"

아내가 다가오자 모두는 새롭게 준비되어있는 조용한 자리로 가서 함
께 앉았다. 그녀는 추억이 생생한 듯 다시 자신 있게 말한다.

"그때 우리가 처음 만나던 그 날!
선생님이 저에게 뽑아준 그 커피 한잔이, 지금까지의 그 어느 커피보
다도 달콤하고 향기로웠습니다. 그때는 산도 옆에 있었고요. 흘러내
리는 계곡의 물소리도 있었고요. 그리고 선생님의 따스한 정을 담은
커피도 있었고요."

"지금 생각하면 그때의 추억들이 그렇게도 그립고 행복할 수가 없습
니다. 제가 국전에서 영광스런 대상을 받은 그 기쁨보다, 우리가 만난
그때의 그 순간들이 아직도 제 머리 속에 생생하고 행복하게 기억되
는 것은 무슨 사연인지를 모르겠습니다."

"그때의 자연은 너무나도 싱그럽고 위대하였습니다.
선생님, 자연은 사람의 마음을 한없이 맑게 하는 위대한 힘을 지니고
있는가 봐요? 자연 속에서는 눈이 맑아지고 생각도 맑아지고요. 그리
고 어린 소녀처럼 괜히 말하고 싶고 꿈을 자랑하고 싶기도 하고요."

"그때의 싱그러운 모습과 그리운 추억들이
아직도 그 산자락에 남아있는지 꼭 선생님과 한번 가보고 싶어요?"

"그때 선생님은 책은 10분을 읽고 '인생철학'에 대해서는 몇 시간을 얘기할 때도 있었지요. 또 흔들리는 나무를 보고 '바람'을 얘기하기도 하였고요. 많은 얘기들을 나누면서 선생님은 참 훌륭한 분이라 생각하였습니다."

"저는 그때 선생님의 마음을 다 알고 있었습니다.
'선생님이 커피를 좋아하신다'는 것도, 제가 커피를 사면 '선생님이 부담스러워 하신다'는 것도, 그래서 제가 그때 일부러 커피를 뽑아드리지 않은 것입니다. 그리고 선생님의 마음에 상처를 드리고 싶지 않아서 그 이후로 나는 주위의 다른 산을 찾게 되었고요."

"그때 '보고 싶은 마음'이 어떤 것이라는 것을 알았고요.
'만나지 못하는 괴로움'이 그토록 사람의 마음을 아프게 한다는 사실도 실감하게 되었습니다." 그러자 아내는 은근한 질투심과 함께 남편의 힘들었던 시절이 측은해 보이는지 슬그머니 자리를 비워준다.

다시 그녀는 귀여운 칭찬을 시작한다.
"선생님께서 하신 말씀이 아직도 생각납니다. '위대한 생각이 위대한 사람을 만든다'고요. 그리고 소박한 삶 속에서도 언제나 '작은 기적을 만들며 살아가야 한다'는 선생님의 고마운 그 당부가, 아직도 소중한 저의 삶의 지혜가 되곤 합니다."

"선생님, 저의 정성이 담긴 이 수묵화를 받아주십시오.
선생님의 위대한 정신이 아직도 저의 가슴속에 고이 자리잡고 있는 보답이라 생각해 주세요."

그러자 그는 말없이 고개를 끄떡인다.
그리고 자기가 정성을 담아 집필한 책 한 권을 그녀에게 전해준다.

자리를 비웠던 아내가 다시 자리에 앉으며 처음으로 입을 연다.
"세상의 위대함은 모두 이 대자연 속에 담겨있는가 봅니다. 자연을 벗 삼고 자연의 아름다운 모습들을 그림 속에 담으며, 이렇게 자연을 생각하고 자연을 얘기하며 살아가는 당신이 부럽습니다."

"위대한 자는 언제나 '자연과 통한다'고 듣고 있습니다.
자연을 담은 소중한 작품을 남겨 위대한 화가가 되길 기대하겠습니다."이렇게 서로가 가벼운 작별 인사를 나누자, 저녁 해가 먼저 서쪽 문을 나선다.

'위대한 자연을 담은 수묵화는 거실 벽 한가운데 걸려졌다.'
그는 곰곰이 생각해 본다. '위대한 사람은 위대한 순간을 만들어간다' 그럼 나의 가장 위대한 순간은 언제일까? 돈이 많아서 부자가 된 지금일까? 그 산자락에 앉아서 책을 읽으며 그녀와 인생을 얘기하던 그때일까? 그 모두도 아니다.

그는 자신 있게 말할 수 있었다.

"단돈 200원이 아까워 커피한잔 제대로 뽑아 마실 수 없었어도 나는 빈털터리가 된 나 자신을 미워하지 않았고, 그 누구를 원망하지도 않았으며, 희망찬 마음으로 나에게 힘과 용기를 심어주며 '참고 참았던 거룩한 그 순간'이었다"라고.

'위대한 정신'에 대한 공부는 계속된다.

멀리서 바라보는 하늘은 위대하다. 별들은 아름답게 빛나고 둥근 달은 밝다. 이렇듯 거룩하고 숭고한 것은 대승적 관점에서 여유롭게 바라볼 때 그 위대한 의미를 제대로 느낄 수가 있다.

그러나 '편협 된 시야로 가까이서 바라보게 된다'면
그들은 하찮은 돌덩어리나 흙덩이에 불과하다. 이처럼 위대한 사람은 '작은 가치에서도 큰 기쁨을 찾아내는' 여유로운 마음과 숭고한 혜안을 가져야 한다.

이 세상에서 가장 고귀한 사람은 바로 '나' 자신이다.
따라서 위대한 사람이 되기 위하여는 우선 자기 자신을 높은 경지로 올려 놓아야 한다. 스스로를 가장 순수한 나, 가장 의로운 나, 가장 성스러운 나로 만들어야 한다.

위대한 정신의 소유자는
고통을 즐기고 차이를 받아들이는 영웅적인 기질을 품고 있다. 그래서 그들은 고통을 고통으로 여기지 않고 가난을 가난으로 보지 않으며 비난을 비난으로 듣지 않는다. 언제나 그들 속에 숨겨져 있는 참된 의미를 찾아내어 그들이 전하는 지혜와 깨우침의 길을 걷는다.

위대한 정신은 언제나 지혜롭고 탁월하다.
그들은 다른 사람들이 생각하지 못하는 것을 생각하고 다른 사람들이 용서하지 못하는 것을 용서하며 다른 사람들이 불가능하다고 생각하는 것을 언제나 가능하게 한다.

위대한 정신은 언제나 거룩하다.
그들은 '보다 나은 자신이 되기 위하여' 성공이란 울타리 안에서 쉽게 머물지 않는다. 자신이 '나아갈 때'를 알고 '멈출 때'를 알며 자신이 '어떠한 위치에 있을 때'가 가장 거룩한지를 안다.

위대한 정신은 남과 경쟁하지 않는다

산길을 가며

- 조선시대 송익필 -

가노라면 쉬는 걸 잊어버리고

쉬노라면 가는 걸 잊어 버리고

솔 그늘에 말 세우니 맑은 물 소리

뒤에 오던 사람들 내 앞을 가네

가는 곳 서로 다른데

다툴 것 뭐 있는가?

숨가쁘게 달리지 마라! 시간은 해와 달의 발걸음이다.
지구가 해를 한 바퀴 돌면 일년, 달이 지구를 한 바퀴 돌면 한달, 지구가 스스로 한 바퀴 돌면 하루! 본래 시간이란 실체가 없다. 오는 것도 없고 가는 것도 없다. 오늘이 어제가 되고 내일이 또 다른 오늘이 된다.

그러나 인간들은 바쁜 하루를 보내고 실체 없는 한 달을 기다리며 인고의 세월을 살아간다. 사실상 오고 가는 세월은 아무도 잡을 수가 없다. 그러므로 세상의 많은 사람들을 자신의 경쟁자로 만들지 마라! 아무리 몸부림쳐도 우리가 세상 모두를 이길 수는 없다.

알고 보면 대다수의 사람들은 좋고 나쁨으로 분별하고 많고 적음으로 시기하며 앞서거니 뒷서거니 하면서 서로 다툰다. 이러한 생존본능이 투쟁과 경쟁심을 불러오고 남보다 더 잘 살고자 하는 허기진 욕망이 괴로움과 분노를 일으킨다.

그래서 질투하고 분노하며 서로 경쟁한다. 그러므로 남과 비교하며 소모적인 경쟁을 하거나 잘못을 찾아내어 비난 할 아무런 이유가 없다. '지나치게 다투면 사람도 떠나고 정도 떠난다.'

한번 생각해 보라!
만약 우리가 경기에서 졌을 때 우리가 잃은 것은 무엇인가?
사실은 아무것도 없다.

그러나 상당수 사람들은 단순히 '경기에서 졌다'는 이유만으로
심한 스트레스를 받으며 기분이 크게 상하기도 한다. 알고 보면 경쟁
에서의 승리가 결코 인간적인 가치를 높여주는 것은 아니다. 다만 그
렇게 서로 다투며 얻고자 하는 한때의 승리는 순간적인 기쁨과 환상
에 불과할 뿐이다.

사실상 자신의 능력을 충분히 발휘하는 탁월한 사람들은
언제나 주어진 일에 최선을 다하지만 비교와 경쟁이 안겨주는 성취의
기쁨에 크게 도취되지 않는다. 왜냐면 무모한 경쟁은 자신의 순수한
평정심을 방해하고 때로는 상대의 시비와 원망을 불러올 수도 있기 때
문이다.

그러므로 참된 경쟁의 모습은 언제나 주어진 패배를 깨끗이 인정하
고, 상대의 승리를 진심으로 축복해주는 그런 너그럽고 아름다운 모
습이 되어야 한다. 이기면서도 상대를 억누르지 않고 지면서도 패배
감 없이 당당한 모습을 보이는 그런 즐거운 경쟁이 되어야 한다.

서로 남과 다투고 투쟁하는 그런 소모적인 경쟁이 아니라
다만, 내 삶의 의미를 담은 '어제의 나, 오늘의 나, 내일의 나'와 비교
정진하며, 주어진 일에 최선을 다하는 그런 가치 있는 '자기자신과의
경쟁'이 우선되어야 한다.

베토벤은 '자기자신과의 싸움에서 이겼기 때문에'
귀가 먹은 어려운 상태에서도 '교향곡'과 같은 위대한 명작을 남길 수
가 있었고, 밀턴은 눈이 먼 상태에서도 '실낙원'과 같은 아름다운 시
를 쓸 수가 있었으며, 톨스토이는 고달픈 인생을 겪으면서도 '전쟁과

평화, 참회록, 부활'과 같은 불후의 명작을 남길 수가 있었다.

이처럼 밝은 영혼의 소유자들은 서로 다투고 투쟁하는 그런 소모적인 경쟁이 아니라 언제나 자신의 잘못된 내면과 싸워 이기는 숭고한 경쟁을 한다.

그들은 '선을 위하여, 깨달음을 위하여, 의로움을 위하여' 자신의 안일과 싸우고, 탐욕스런 이기심과 싸우고, 불의와 타협하려는 나쁜 악의 마음과 싸워 이겼다.

옛 선조들의 삶은 위대했다

별은 너에게로

- 시인 박노해 -

어두운 길을 걷다가
빛나는 별 하나 없다고
절망하지 말아라
가장 빛나는 별은 아직
도달하지 않았다

구름 때문이 아니다
불운 때문이 아니다
지금까지 네가 본 별들은
수억 광년 전에 출발한 빛

길 없는 어둠을 걷다가
별의 지도마저 없다고
주저앉지 말아라

가장 빛나는 별은 지금
간절하게 길을 찾는 너에게로
빛의 속도로 달려오고 있으니

해가 노을을 남기는 가을 어느 날!

보고 싶은 친손자와 외손자가 산골마을에서 살고있는 할아버지를 함께 찾는다. 소년이 된 손자들은 할아버지를 너무나도 좋아하고 존경스럽게 생각한다. 두 손자는 저녁식사가 끝난 후 할아버지 곁으로 다가온다.

"할아버지! 저희들이 왜 이토록 할아버지를 좋아하는지 아세요?"

할아버지는 시치미를 떼어본다.
"글쎄, 나는 잘 모르겠는데? 너희들이 한번 얘기해 볼래?"

"예, 할아버지"
저희들의 엄마 아빠가 우리의 몸을 살찌웠다면, 할아버지는 우리의 영혼을 살찌우게 하셨습니다. 그것은 바로 저희들이 즐겨 듣던 '재미나는 이야기들'이었지요.

"할아버지"
우리의 영혼은 재미나고 궁금할 때 가장 창조적이며 놀라운 상상력을 발휘하는가 봐요? 할아버지의 얘기 속에는 호랑이나 사자와 같은 무서운 동물들이 뛰쳐나오기도 하였고요. 또한 마음 착한 할머니와 의롭고 용기있는 힘센 장사들이 등장하기도 하였지요.

때로는 무서운 얘기 속으로 빠져들면서

저희들도 모르게 할아버지 품 안으로 안기기도 하였고요.
그렇게 할아버지를 만날 때 마다 풀어놓은 이야기 보따리가 상상의 날
개가 되어, 꿈 많고 신비로운 새로운 세상을 만날 수 있게 한 것입니
다. 그래서 저희들도 모르게 할아버지를 따르고 좋아하게 되었습니다.

지금 생각하면 할아버지의 구수한 이야기 속으로 빠져들던 그때가
너무나도 그립고 행복스럽게 생각됩니다.

"그래서 그때, 너희들이 그토록 재미나는 얘기를 해달라고
이 할아버지에게 응석을 부렸었구나!"

손자들아! 그런데 이제는 듬직하게 성장한 너희들에게
이 할아버지가 들려줄 재미나는 이야기 보따리가 텅 빈 것 같구나.
그래도 혹시나 듣고 싶은 얘기가 있으면 한번 말해보아라!

"할아버지, 궁금한 것이 하나 있어요?"
"그래 얘기해 보아라."

할아버지! '초가집의 절개는 비단 옷을 입지 않는다'고 하시면서
의와 도를 강조하시던 옛 선비들은, 어떠한 모습으로 한평생을 살아오
셨는지 그것이 궁금해요? 오늘따라 옛 선조들의 얘기가 듣고 싶어요?

"그래 좋은 질문이다.
이 할아버지가 지금까지 살아오면서 전해들은
옛 선조들이 살아온 경험담을 얘기할 테니, 잘 듣고 앞날의 밝은 지혜
로 삼아야 한다."그러자 두 손자의 맑은 눈망울은 할아버지의 이야기
속으로 빠져들기 시작한다.

"오래된 예전에, 우리 고향마을에 의로운 선비 한 분이 살고 있었다."
그의 영혼은 서리를 이겨내는 꿋꿋한 대나무의 기상을 닮았고, 그의
인품은 맑은 물 속에 비친 환한 달과 같이 맑고도 밝았다. 그리고 그
선비는 시와 글을 좋아하였다.

해가 저물면 달콤한 술잔 속에서는 언제나 향기로운 시가 흘러 나오
고, 고요한 달빛 아래에서는 가끔씩 낮은 창을 열고 책을 펼쳐 글을
읽기도 하셨다. 여기 선비가 달빛 아래에서 술을 벗하며 즐겨 부르던
이백의 시 한수를 소개한다.

꽃사이에 한동이 술을 놓고
홀로 잔 기울이는데 대작할 벗이 없구나

잔을 높이 들어 밝은 달 맞이하니
달과 나와 그림자가 합하여 셋이 되었네

달은 원래 술 마실줄 모르고
그림자만 나를 따라 마신다 (중략)

내가 노래하면 달빛도 춤을 추고
내가 춤을 추면 그림자도 덩실 덩실

그리고 그 선비는 남의 아픔을 치유하는 읍내고을에서는 하나뿐인 한
의원을 운영하였다. 그 선비의 자비로운 사랑과 밝은 지혜는 하늘만큼
이나 크고도 깊었다.

한번은 이웃 마을에서 온 몸이 불덩이 같이 뜨거운 위급한 어린 환자를 데리고 낯선 아주머니 한 분이 선비를 찾아왔다. 정성스레 치료를 마치고 마음이 안정되어가자, 어린 환자의 어머니는 그제서야 '자기가 깜빡 잊고 치료비를 준비하지 않고 왔다'는 사실을 알게 된다.

그때 선비는 그 아주머니에게 먼저 말한다.
'아주머니, 아주머니께서는 아무런 얘기도 하지 마세요. 어린 환자는 어머니의 밝은 모습에서 안정을 찾습니다.' 이렇게 아주머니는 따뜻한 선비의 배려로 감사의 눈 인사만을 전하고 집으로 돌아왔다.

그 시절에는 누구나 양식이 부족하였다.
그래서 배부르게 먹고 사는 것이 모든 사람들의 꿈이며 소망이 되기도 하였다. 먹고 살기도 어려운 형편에 '치료비를 마련하기가 쉽지 않다'는 사실은 너무나도 당연한 일이었다.

그래서 돈이 없는 어려운 환자들은 치료비 대신 고구마를 가져오기도 하였고 돌아갈 때는 잘 익은 감자를 먹고 가기도 하였다. 때로는 봄에 약속한 치료비가 가을이 되면 한 바구니의 과일이 되어 돌아오기도 하였다.

선비는 언제나 말했다.
'나보다 배고픈 사람이 있으면 그 앞에서는 절대로 밥을 먹어서는 아니 되며, 나보다 힘들어하는 사람이 있으면 그 앞에서는 어떤 일이 있어도 웃어서는 아니 된다.' 이처럼 선비는 상대의 마음을 아프게 하는 일을 삼가 하였다.

"그런데 할아버지"

지금 얘기하시는 그 선비도, 요즘의 우리 할아버지들과 같이 자신들의 손자를 무척이나 아끼고 사랑하셨나요? 그게 궁금해요?

"그래, 그 선비도 자기의 손자를 끔찍이도 사랑하였다."
물론 모든 할아버지들은 자신들의 손자를 아끼고 사랑한다. 그 이유는 '자신의 꽃은 자신의 뿌리에서만 아름답게 피울 수 있다'는 본능적인 생존심리가 인간의 가슴속 깊이 은연중에 뿌리 박혀 있기 때문이다.

이렇듯 우리의 영혼은 자신을 좋아하는 사람을 좋아하고 자신을 닮은 사람을 사랑한다. 그래서 기쁨을 말하는 사람에게는 기쁨이 찾아오고, 성공을 외치는 사람에게는 성공이 찾아오게 된다. 물론 세상을 향해 시비하고 원망하는 사람들에게는 언제나 '원망과 시비가 그의 곁을 떠나지 않는다'는 사실을 너희들은 명심해야 한다.

이처럼 그 선비도 자신의 손자를 끔찍이도 사랑하였다.
자신의 손자가 태어나기 전에는 남자가 길거리에서 아이를 보듬고 다니면 '아낙네들이 하는 일'이라면서 크게 야단을 치셨다고 한다.

그러나 기다리고 바라던 당신 손자가 태어난 이후로는
그러한 선비의 마음은 사랑하는 손자의 기쁨에 묻혀 그 의미를 잃고 말았다. 할아버지는 손자가 너무 좋았다. 손자의 탄생이 할아버지의 기쁨이었고 새로운 세상의 환희가 되었다.

할아버지는 손자의 탄생을 기뻐하며 이 글을 남기기도 하셨다.

손자야! 너의 소명이다!

이마는 넓어 하늘을 닮았고
얼굴은 너그러운 대지의 모습

귀는 커서 온 세상의 선을 헤아리고
코는 오뚝하여 하늘의 의를 세운다

고결한 지혜는 밝은 눈으로
굳센 의지는 짙은 눈썹처럼

맑은 영혼으로 하늘의 명을 받들어

세상의 향기는 너의 입으로 전하고
만인의 고난은 너의 두 손으로 거두라!

그러던 어느 날, 할아버지에게도 고통의 운명은 피할 수가 없었다.
'세상보다 귀한 손자가 밥을 먹지 못하고 온 몸이 불덩이 같이 뜨거운
것이다.' 그렇다고 두 살 된 어린아이에게 함부로 '진한 약'을 먹일 수
도 없었다.

울면서 괴로워하는 어린 손자의 고통을 바라보면서도
할아버지는 아무런 혜안이 떠오르지 않았다. 할아버지는 이 책 저 책
을 뒤지고 숱한 밤을 지새면서 하늘의 지혜를 구한다. 그리고 기도하
며 애원한다.

하느님! 사랑하는 나의 손자는 내 삶의 전부입니다.

내 삶, 내 가족, 모두의 존재입니다. 하느님의 보살핌으로 고통 속에서 몸부림치고 있는 어린 손자를 구해주십시오! 하느님! 생사의 갈림길에서 헤매고 있는 이 어린 손자를 어찌해야 좋습니까? 어리석은 저에게 밝은 지혜와 깨우침을 안겨주십시오!

지극한 정성이 하늘에 닿은 어느 날!
드디어 하늘의 깨우침이 울려 퍼진다. 할아버지는 조용히 책을 덮고 눈을 감는다. 그리고 하느님이 전해주는 깨우침의 소리를 듣게 된다.

'못난 지식은 책 속에 있으나 위대한 지혜는 모두 세상 속에 있다!'
그 소리를 듣자. 할아버지는 문을 활짝 열고 밖을 나선다. 밝은 지혜는 모두 밖에 있는데 어리석은 인간은 문을 닫고 방안에서 못난 지식만을 찾고 있었구나!

중국의 남송 시인 '육유'도 말했다.
'책에서 얻은 지식은 끝내 그 깊이가 얕으니, 제대로 알려면 몸소 실천해서 얻어야 한다.'

할아버지는 깨우침의 마음으로 마당으로 나간다.
그리고 담장 밑에서 피어나는 이름 모를 꽃에게 물어본다. 꽃이여! 나의 손자는 저토록 힘든 고통 속에서 헤매고 있는데, 왜 너는 어제 저녁보다 이렇게 생기가 있고 아름다운 모습을 보이느냐?

선비는 그때서야 무릎을 친다.
그리고 그 꽃이 들려주는 숨겨진 세상의 이치를 깨닫게 된다.

세상의 주인은 누구인가? 바로 '태양'이다.

세상을 밝히는 것도, 뭇 생명을 낳고 키우는 것도, 모두 태양이 하는 일이다. 그리고 저 태양이 비춰주는 따뜻한 햇볕은 바로 자연이 베푸는 위대한 '사랑'이 된다.

그럼 지금 아파하는 아이의 주인은 누구인가?

아이를 위한 따뜻한 사랑의 기운은 어디에서 나오는가? 선비는 그때서야 알게 된다. '아이의 주인은 엄마이다.' 아이가 원하는 따뜻한 사랑은 바로 '엄마의 품이 된다'는 사실을 깨닫게 된다.

이처럼 말 못하고 아파하는 어린 손자는 포근한 엄마의 품이 그리웠다. 그리고 엄마의 따뜻한 품속에서 지내고 싶었다. 그것이 아이의 간절한 소망이었고 애절한 바램이었다.

그러나 어리석은 어른들은 말 못하는 어린아이의 마음을 아무도 이해하지 못하였다. 그래서 아이는 자신의 사랑을 헤아리지 못하는 우매한 어른들의 잘못 때문에, 이렇게 몸이 아프고 마음이 괴로웠던 것이다.

할아버지는 죄인의 심정으로 방안으로 들어온다.

그리고 조용히 며느리를 부른다. '애야 정성껏 미음을 끓여서 가져오너라! 그리고 너의 몸을 따뜻하게 하여라!'

예, 아버님!

며느리는 아버님이 시키는 대로 몸과 마음을 따뜻하게 한 후 정성껏 미음을 끓여서 자신의 방으로 가지고 왔다. 그리고 아버님의 명을 기다린다.

"얘야, 영혼이 바라는 가장 착하고 부드러운 식품은 '미음'이다.
이 미음에 너의 따뜻한 사랑을 타서 아이에게 '천천히, 아주 조금씩'
정성을 다하여 먹이도록 하여라! 그리고 너의 가슴속에 담겨있는 '사
랑의 기운'을 한 톨도 빠짐없이 아이에게 전하도록 하여라!"

할머니는 장작을 피워 온돌방을 데우고 며느리는 밤낮으로 따뜻한 사
랑의 숨결을 아이에게 전한다. 할아버지는 잠을 잘 수가 없었다. 한의
원이라는 자신의 존재가 한없이 부끄럽고 작아 보인 것이다. 그렇다고
며느리와 손자가 있는 작은방의 문을 함부로 열어 볼 수도 없었다.

새날이 밝았다. 선비는 밖을 나왔다. 오늘따라 아침햇살이 따스하다.
담장 밑에 피어있던 어제 본 꽃이 궁금하다. 할아버지는 돌아서서 그
꽃을 바라 본 순간, 깜짝 놀란다. 봉우리 진 작은 꽃은 활짝 피었고 그
위에서는 노랑나비 한 마리가 놀고 있었다.

할아버지는 곰곰이 생각해본다. 그리고 스스로 세상의 이치를 깨닫게
된다. 이렇게 꽃을 활짝 피운 것도, 아름다운 나비를 부른 것도, 이 모
두는 따뜻한 '태양의 힘' 때문이라는 것을, 그 힘이 바로 위대한 '하늘
의 사랑'이라는 것을 알게 된다.

그때다. 며느리의 밝은 목소리다.
"아버님, 아이가 깨어났어요! 우리 아이가 깨어났어요!"
모두는 서둘러 모여든다. 어찌 이렇게 '기쁠 수가 있다'는 말인가.

선비의 깨달음과 어머니의 사랑의 힘이 눈앞에서 기적 같은 현실로 나타난 것이다. 의식을 잃고 있던 아이가 발가락을 움직이고 손가락을 움직이는 것이다. 때로는 엄마의 젖을 어루만지며 힘겨운 미소를 짓기도 하는 것이다.

아이의 마음이 엄마의 눈을 바라보며 말한다.
'엄마 걱정하지마. 나 이제 안 아플 게. 미안해 엄마!'
엄마는 기뻐서, 고마워서, 너무 감사해서, 가슴으로 울고 사랑으로 운다.

아이의 맑은 눈망울은 눈물이 가득한 엄마의 눈을 유심히 쳐다본다.
그토록 찾아 헤매던 포근한 엄마의 품은 이렇게 아이의 새로운 세상이 되었다. 어린 손자는 미음을 먹고 엄마의 따뜻한 사랑을 받으면서 조금씩 건강을 회복하였다.

할아버지는 손자를 바라보며 마음 속으로 용서를 빈다.
손자야! 미안하다. 정말 미안하다. 할아버지가 어리석었구나! 그토록 엄마를 찾아 헤매던 말 못하는 너의 마음을 이 할아버지가 헤아리지 못하였구나! 왜 마음을 담고 있는 맑은 너의 눈을 바라보고도 간절한 '내 손자의 바램을 알지 못하였다'는 말인가?

어느덧 한 달이 지나고 두 달이 지나자
아이는 엄마도 찾고 할아버지도 찾는다. 때로는 방문을 가리키며 '밖을 나가자'고도 한다. 이렇게 하느님의 감사와 세상의 기쁨이 다시 선비의 집으로 찾아왔다.

그 이후로 선비는 '이 세상 모두를 사랑하라'는 하느님과의 약속을 지키기 위하여 자신을 찾아오는 모든 환자들을 위로하고 보살피며 의로운 삶을 실천하였다. 선비는 언제나 말했다! 우리는 '서로가 서로에게 사랑이 되어야 한다!'

그 다음해 따뜻한 어느 봄날!
선비는 사랑방에 누워서 어린 손자의 손을 꼭 잡고 마지막으로 말을 남긴다. '너의 마음 밭에 아름다운 생각을 심어라!' 그리고 선비는 사랑하는 손자의 곁에서 조용히 눈을 감았다.

"할아버지,
우리의 옛 선조들이 그토록 '자비롭고 지혜롭게 살아왔다'는 사실을 오늘 처음 알았습니다. 그 분들의 삶이 너무나도 거룩하고 자랑스럽습니다."

"그래 손자들아!"
위대한 정신은 언제나 자신의 가슴속에 고결한 생각을 품고 있다.
그들은 '자신을 엄하게 다스리되 남을 아프게 하지 않는다' 그래서 위대한 정신은 '남이 아플 까봐' 남을 미워하고 비난하지 않는다. 그리고 남의 잘 못을 함부로 말하지도 않는다.

"손자들아!"
이처럼 우리의 선조들이 얼마나 '자비롭고 위대한 분'이라는 사실을 너희들은 잘 알아야 한다. 그리고 감사해야 한다. 너희들의 따뜻한 가슴속에는 아직도 그 분들의 위대한 피가 흐르고 있다.

4. 욕망의 장

부자 되는 마음

가난은 그대로 두면 죄가 된다

욕망은 어떻게 다스려야 하나?

비움을 실천할 때 인간은 성숙한다.

전체를 하나로 바라보는 습관을 가져야 한다

부자 되는 마음

- 도덕경에서 -

차 있는데도 더욱 채우려는 것은
그만 두느니만 못하고
날카로운 것을 더욱 날카롭게 벼리는 것은
오래 보전하기가 어렵다

금과 옥이 방안에 가득하면
이를 능히 지킬 수가 없고
부귀하여 교만하면
스스로 허물을 남기게 되나니

공 이루었으면 몸 물러가는 것
그것이 하늘의 도이다

부자는 성실한 마음과 베푸는 마음이 만든다.

마을 앞 넓은 들판에는 벼와 보리를 심고
뒤안길 작은 텃밭에는 오이와 상추를 심는다. 따뜻한 봄이 되면 심어
둔 곡식들은 파릇파릇 새싹을 틔우고, 풍성한 가을이 되면 주렁주렁
잘 익은 열매가 열린다.

이렇듯 농부의 마음은 언제나 새롭고 풍요롭다.
어제의 채소 한 잎이 오늘은 새로이 두 잎 세 잎으로 피어나고,
오늘의 작은 과일 한 개가 내일은 커다란 모습으로 두 개 세 개가 열
리기도 한다.

농부의 고마운 마음이 올해는 더 많은 사람들에게 온정을 베풀고 싶
어한다. 잘생기고 싱싱한 것은 일가 친지에게 보내고, 크고 맛있는 것
은 가까운 이웃에게 전하고 싶어한다. 지난해는 한 박스를 보냈는데
올해는 더 많은 두 박스를 보내고 싶어한다. 선물은 가끔씩 보내는데
농부의 마음은 일년 내내 베푸는 마음이다.

이같이 모든걸 아낌없이 나누고 베풀면서도 그래도 미안해하는 농부
의 마음은 얼마나 큰 부자일까! 오늘도 그들은 '부는 돈 많고 권력 있
는 힘있는 자들의 것'이라 생각한다. 진정 자신들이 한없이 너그럽고
고마운 부자이면서도 말이다.

돈이란 무엇인가?

돈은 신념과 능력의 산물이다. '굳센 의지, 밝은 지혜, 뜨거운 열정'이 함께 만들어내는 종합선물이다.

이같은 돈은 필요한 것을 가질 수 있게도 하고 원하는 일을 할 수 있게도 하는 힘이 있다. 때로는 위태로운 생명을 구할 수도 있고 가난한 이웃을 도울 수도 있다. 그래서 사람들은 넉넉한 부자가 되고자 하는 마음으로 끊임없이 도전하고 노력한다.

돈이 많아지면 일단 자유롭다.

자신이 갖고 싶은 것을 마음대로 선택할 수 있고, 자신이 원하는 것을 자유로이 향유할 수 있다. 그래서 돈이 많아지면 처음에는 대부분 큰 행복감에 젖는다.

그러나 시간이 지날수록 많은 것을 갖게 됨으로써 작은 것에 대한 소중함을 잃기도 하고 때로는 주위사람들이 귀해 보이지 않으며 교만심이 생기기도 한다. 그리고 자신의 능력이 언제나 최고라 생각하며 자신을 과신하기도 한다.

이렇게 생겨나는 교만심이 상대로부터 시기와 질투심을 불러오고 증오와 반목을 일으킨다. 때로는 주어진 현실을 왜곡하고 균형된 판단을 방해하며 자신에게 다가오는 위험을 미리 알아차리지 못하게 한다. 이같이 돈이 주는 불행의 씨앗은 여기서부터 시작된다.

현대인들은 돈을 너무 좋아한다. 그래서 대부분 돈의 노예가 되어가며 살아가고 있다. 삶의 숭고한 가치와 정의로운 판단도 돈 앞에서는 아무런 힘을 쓰지 못하고 있는 실정이다. 그러나 돈이란 본래 가치 중립적이다. 잘 사용하면 축복의 선물이 될 수도 있지만 잘 못 사용하면 사람을 크게 해칠 수도 있다.

물론 이러한 돈이 가난을 해소하는 의식주나 기본욕구를 충족시킬 때까지는 행복수준에 큰 영향을 미친다. 그래서 돈이 많아지면 처음에는 하늘을 날 것 같은 기분으로 살아갈 수도 있다. 그러나 막상 기본적인 욕구가 해소되고 나면 돈이 행복에 미치는 영향은 아주 미미하다.

왜냐면 모자람에서 생기는 결핍은 '잘 살아야 한다'는 삶의 투지와 의욕을 불러 일으키나, 너무 많아 익숙하게 되면 삶의 회의와 권태를 가져오기 때문이다. 그리고 모자람이 품고 있던 투지와 열정, 시련이 안겨주는 성취의 기쁨을 뼛속 깊이 느낄 수가 없기 때문이다.

어떤 사람은 돈이 없을 때는 즐겁고 행복했으나
돈이 많이 생기고 나서는 더 많은 고민거리를 안고 괴로워한다. 돈이 없을 때는 하루 종일 일해도 고단하지 않았지만, 부자가 되고 나서는 한 시간 걷는 것 조차 피곤하게 느낄 때도 있다.

이처럼 '재물도, 명예도, 사랑도' 지나치게 넉넉하고 익숙하게 되면 본래의 가치에 대한 권태와 회의를 느끼면서 아끼고 존중하는 마음이 줄어들게 된다. 갇혀있는 물이 스스로 썩어가듯이 모아둔 재물은 가만히 두어도 사람의 마음을 부패하게 한다.

그래서 돈이란 재화는 없어도 문제이고 너무 많아도 문제가 된다.
만약 돈을 많이 가진 자가 '갈 길을 잃고 나쁜 세상에서 헤매고 다닌다'면, 힘이 센 자가 '악마의 의식을 갖고 있다'면, 이보다 위험하고 무서운 도구는 없을 것이다.

그러므로 돈이란 재화는 단지 '삶의 가치를 높이기 위한 하나의 수단'이 되어야지, 돈 그 자체가 인생의 목적이 되어서는 아니 된다.

그래도 진정 삶의 여유를 안겨주는 '넉넉한 부자가 되고 싶다'면 그때는 부유한 모습으로 살아가는 생생한 자신의 모습을 상상하면서, 내면 속의 무의식에게 부자 된 자신의 모습을 전해야 한다. 그때 기뻐하고 감사하는 무의식이 이를 현실로 받아들이면서, 그러한 감정을 얻기 위해 부자가 되고자 하는 강렬한 열망이 생겨난다.

그렇게 마음 속의 부를 상상하면서 부자들의 철학을 배우고 부자들의 신념과 능력을 칭찬하며 그들이 지니고 있는 투지와 열정을 본받게 된다면, 부의 가능성은 희망찬 모습으로 저절로 다가오게 되어있다.

그때 교만을 멀리하고 권태를 줄이면서 언제나 소박한 마음으로 살아가는 참된 부자가 될 수 있다. 그때 비로소 '가장 부유한 사람은 자기가 가진 것으로 만족할 줄 아는 바로 그 사람이 된다'는 사실을 알 수 있다.

가난은 그대로 두면 죄가 된다

가난한 사랑 노래

- 시인 신경림 -

가난하다고 해서 외로움을 모르겠는가?
너와 헤어져 돌아오는 눈 쌓인 골목길에
새파랗게 달빛이 쏟아지는데

가난하다고 해서 두려움이 없겠는가?
가난하다고 해서 그리움을 버렸겠는가?
가난하다고 해서 사랑을 모르겠는가?

내 몸에 와 닿던 네 입술의 뜨거움
사랑한다고 와 닿던 속삭이던 네 숨결
돌아서는 내 등위에 터지던 네 울음

가난하다고 해서 왜 모르겠는가?
가난하기 때문에 이 것들을
이 모든 것을 버려야 한다는 것을

가장 가난한 것은 정신이 가난한 것이다.

정신이 가난하면 삶은 스스로 가난의 길을 걷게 된다.
생각이 부를 선택하면 부를 만나게 되고 가난을 선택하면 가난을 만나게 된다. 이같이 가난은 분명 마음속에 그 씨앗이 있다.

마음이 가난한 자들은 언제나 가난을 생각하고 가난을 노래한다.
가난은 항상 자신들의 것이며 부는 부자들의 것이라 생각한다. 그리고 본래 자신들은 불행하게 태어났고 사회의 희생양이라 여긴다. 그래서 부모를 원망하고 세상을 비난하며 자신을 학대한다.

그러나 사실상 가난으로 태어난 운명은 그렇게 큰 잘못이 아니다.
다만 생각없이 그 자체를 받아들이는 것이 문제다. 언제나 부를 시기하고 세상을 원망하는 부정적인 마음이 문제다. 매사에 자신감을 잃고 비굴해지는 약한 마음이 문제다.

알고 보면 살아가는 과정에서 가난이 주는 아픔만큼 훌륭한 교육은 없다. 가난은 잘 살고자 하는 신념을 심어주고 강한 의지를 길러준다. 그리고 잘 살 수 있는 밝은 지혜와 깨우침을 안겨준다. 그래서 가난은 살아가면서 배우는 가장 훌륭한 산 교육장이라 할 수 있다.

물론 이러한 가난도 그대로 방치해 두면 분명 죄가 된다.
왜냐면 가난에 너무 오래 시달리다 보면 즐거워야 할 마음은 기쁨을 잃고 밝아야 할 마음은 우울해 지며 당당해야 할 마음은 비굴해지기 때문이다. 그리고 가난 속에서는 마음속에 지닌 지혜도 그 빛을 잃고, 아름다워야 할 사랑은 그 향기를 숨기기 때문이다.

그래서 옛 속담에
'가난을 보이지 않으려고 빈 솥에 불을 지핀다'는 말이 있다.

그런데도 막상 우리가 살아가는 세상에는 '가난을 비난하는 자' 보다는 '부를 비난하는 자'가 훨씬 더 많다. 그것은 바로 부자들을 향한 '부러움과 질투와 두려움'에 대한 인식 때문이다. 아직도 부를 시기하고 비난하는 가난한 마음이 세상 사람들의 가슴속에 더 많이 자리잡고 있기 때문이다.

그러므로 누구나 부를 비방하고 시기하면서 '부를 얻겠다'는 생각은 하지 말아야 한다. 부자들을 미워하고 저주하면서 나도 '부자가 되겠다'는 생각은 하지 말아야 한다. 왜냐면 '비방 시기 미움 저주'와 같은 부정적인 마음은 모두 가난의 씨앗이 되기 때문이다.

자비로운 부처님께서는 우리 중생들에게 '지옥에는 갈지언정 가난하게는 살지 말라'는 당부의 말씀을 하셨다. 그러므로 가난과 너무 친해서는 아니 된다. 가난을 그대로 두어서는 아니된다. 왜냐면 본래 우리가 바라는 숭고한 삶의 가치는 '풍요 여유 능력'이 담겨있는 '정결한 부'와 함께 하여야 하기 때문이다.

욕망은 어떻게 다스려야 하나?

- 신라시대 원효스님 -

옷을 깁는 데는 작은 바늘이 필요한 것이니
비록 기다란 창이 있다 해도 소용이 없고

비를 피할 때에도 작은 우산 하나면 충분한 것이니
하늘이 더 넓다 하더라도
따로 큰 것은 구할 필요가 없다

그러므로 작고 귀찮다 하여 가엽게 여기지 말지니
그 타고난 바와 생김에 따라
모두가 다 값진 보배가 되는 것이다

빈 보따리 내려놓고 쉬고 싶다, 욕망아!
돈 많다고 자랑하지 마라! 배웠다고 나서지 마라! 좋다고 애쓰지 마라! 그렇다고 그들을 비난하지도 마라! 아무리 몸부림쳐도 우리는 '나뭇잎 하나 만들지 못한다.'

욕망은 필요와 결핍이 요구하는 내면적 바램이다.
채우면 만족할 것 같은 마음속의 상상일 뿐이다. 텅 빈 것 같은 내면의 심한 떨림! 그것이 욕망을 부른다.

인간의 마음은 항상 무언가에 굶주려있다.
다만 '어디에 굶주려 있느냐'하는 것이 그 사람의 욕망이 되고 삶의 시선이 된다.

우리는 가난하면 '잘 살아야 되겠다'는 욕망이 생기고
잘 살게 되면 편안해지고 싶은 욕망이 생기며, 편안해지면 그것을 안전하게 지키고자 하는 욕망이 생긴다. 이처럼 의식적으로 행하는 모든 행동은 우리의 가슴 속 깊은 곳에 자리잡고 있는 욕망 때문이다.

그래서 욕망자체는 본래 좋고 나쁨이 없다.
잘 다스리고 바르게 활용하게 되면 삶의 활력이 될 수가 있고 지나친 탐심이 앞서게 되면 괴로움의 씨앗이 될 수도 있다.

그러나 상당수 사람들은 누구나 정도의 차이가 있을 뿐

많은 것을 갖고 싶어하고, 높은 권세와 명예를 얻고 싶어하며, 때로는 영원한 삶을 추구하고 싶어하는, 이기적이면서도 합리적인 욕망 이상의 무언가를 늘 가슴속에 품고 살아가는 야망적인 존재다. 그 이기적인 야망이 삶의 균형을 깨며 때로는 자신을 파멸시킨다.

그러므로 생존에 필요 없는 헛된 망상에서 오는 욕망은 반드시 버려야 한다. 망상에서 오는 욕망은 '필요 없는 것'을 탐하고, '이룰 수 없는 것'을 찾아 헤매며, '오지 않는 것'을 구하려고 애쓴다. 그래서 망상으로 생각하는 즐거움과 애착은 아무리 많이 가져도 부족하고 모자라 한다.

그럼 이러한 욕망은 왜 생겨나는 것일까?
우리는 자신 앞에 놓여있는 어떤 대상을 접촉하게 되면
먼저 '있다 없다, 크다 작다, 많다 적다'는 등의 나름대로 '존재에 대한 생각'을 일으키게 된다. 그리고 그 존재에 대하여 다시 "좋다 싫다, 귀하다 천하다, 곱다 밉다"는 등의 '가치를 분별'하게 된다.

그렇게 좋은 것에 치우치고 귀한 것에 이끌리며 아름다운 것에 매달리게 되면서 그러한 애착이 목마른 욕망을 불러 일으킨다.

그래서 '인간의 욕망은 목마른 갈증과 같다'고 한다.
갈증을 해소하면 그때는 행복하다. 그러나 삶의 갈증이 어디 한 번 뿐이랴? 시간이 지나면 목은 다시 마르고 물은 또 마셔야 한다.

알고보면 우리가 원하는 이러한 욕망은 대부분 맹목적인 시기와 질투심에서 생겨난다. 돈이 없는 사람은 돈이 많은 사람을 부러워하고,

돈이 많은 사람은 명예가 높은 사람을 부러워하며, 돈도 많고 명예도 높은 사람은 똑똑하고 잘생긴 남의 아들을 부러워한다.

이같이 밝아야 될 참된 마음이 '지나친 욕망에 사로잡히게 된다'면 그때는 평정한 마음에서 생기는 기쁨과 즐거움은 얻을 수가 없다. 봄이 되면 꽃이 피고 새가 우는데도 탐욕스런 가슴속에서는 봄이 와 주지 않고 꽃과 나비가 찾지 않는다. 언제나 욕심 없는 밝은 마음이 진정 아름다움을 볼 수 있고 소박한 기쁨을 얻을 수가 있다.

삼국시대 이강이란 사람은 '명운론'에서
'나무가 숲에서 두드러지면 바람이 반드시 그것을 꺾고, 흙무더기가 언덕 밖으로 튀어나와 있으면 물이 반드시 깎아 내리며, 능력이 지나치게 뛰어난 사람은 많은 사람들의 비난의 대상이 된다'라고 하였다. 그러므로 지나치게 욕망을 채우려 해서도 아니되고 자신을 너무 드러내어서도 아니된다.

그럼 인간의 욕망에는 어떠한 것이 있나?
보편적인 인간의 욕망에는 태어날 때부터 전해오는 '본능적 욕망' 살아가면서 생기는 '사회적 욕망' 죽음 이후를 기도하는 '영적 욕망' 3가지가 있다.

먼저 태어날 때부터 전해오는 '본능적 욕망'은
신체적 조건에 의해 생겨나는 가장 기본적인 욕구이다.
'식욕, 수면욕, 성욕' 등이 여기에 해당된다.

이러한 본능적 욕구는 자신을 지켜주는 삶의 뿌리와 같다.

먹고 싶어하는 '식욕'이 있어야 소중한 생명을 지킬 수 있고, 잠자고 싶어 하는 '수면욕'이 있어야 심신을 안정시킬 수가 있으며, 서로 아끼고 사랑하는 '성욕'이 있어야 종족의 향기를 꽃 피울 수가 있다.

배가 고프면 먹고 싶고, 잠이 오면 자고 싶고, 힘이 들면 쉬고 싶은 마음은 우리의 생존을 위해 꼭 필요한 본능적 욕구가 된다. 이러한 본능은 본래적인 인간의 행동 양식이고 능력이다. 그래서 그것을 지나치게 억압해서도 아니되고, 적절히 제어하지 못해서도 아니된다.

다음으로, 살아가면서 생기는 '사회적 욕망'은
안정되고 명예로운 사회활동을 바라는 번영발전의 욕구이다. 인간은 사회적 동물이다. 누구나 다른 사람들과 정을 나누며 집단에 소속되고 싶어한다. 자신이 가치 있는 존재라는 것을 사회에 드러내고 싶어하고 주위로부터 칭찬받고 인정받기를 원한다.

때로는 풍요로운 삶을 영위하기 위하여 재물을 모으고 싶어하고, 자신의 존재를 과시하기 위하여 명예와 권세를 갈망하며, 사회라는 울타리 안에서 다양한 위험을 회피하며 안정되게 살수 있기를 바란다.

이런 다양한 욕구들이 충족되고 나면, 그때는 마지막으로 자기 자신이 바라는 이상적 가치를 추구하고자 하는 욕망이 생기게 된다. 이를 심리학자 '마슬로'는 최상위의 욕구가 되는 '자아실현 욕구'라 한다.

이상과 같은 '소유욕 명예욕 안정욕구 자아실현욕구 등' 사회활동을 위하여 필요한 다양한 욕구가 사회적 욕망에 해당된다.

끝으로 모든 사람에게는 죽음 이후를 기도하는 '영적 욕망'이 있다. 영적욕망은 믿음과 사랑을 바탕으로 하는 영원을 갈망하는 욕구이다. 널리 세상을 이롭게 하면서도 영적인 가치를 위해 기도하는 헌신적인 욕구이다. 믿음으로 성령을 따르며 현실과 영원을 넘나드는 공의 마음으로 살아가고자 하는 욕망이다.

그럼 어떻게 하면 이러한 욕망들을 원만하게 다스릴 수 있나? 그러기 위하여는 먼저 자기자신을 조용히 관조하는 '객관적 자기관찰'이 필요하다. 자신의 가슴속에서 욕망이 일어나고 사라지는 과정을 바라보며 그것을 알아차리는 깨달음이 필요하다.

'하나가 필요한데 둘을 갖기를 원하는지, 이룰 수 없는 허망 된 것에 매달리는지, 괜히 남의 성공을 시기하고 부러워하는지, 자신의 재능과 능력에 부합하는지, 그 욕망이 나한테도 이롭고 상대에게도 이로운 것인지'를 관찰하여야 한다.

그래도 자신의 가슴속에서 욕망의 불꽃이 지나치게 엄습하면 그때는 '이 세상에서 나 혼자 산다'고 외쳐보라! 혼자 사는 사람한테 많은 돈이 무슨 소용이고, 좋은 옷 좋은 차가 무슨 자랑이며, 높은 명예와 권세가 무슨 의미가 있는가? 보고싶은 친구도 정을 나눌 이웃도 없다. 명예와 비천함도 없고 시비와 원망도 없다. 오직 한 사람 '나'가 있을 뿐이다.

그때 함께 살아가는 세상 소리가 얼마나 고맙고 소중한지를 알게 될 것이다. 그때 '나의 욕망이 얼마나 헛된 것이라는 것'을 깨닫게 될 것이다. 그때 행복은 욕망으로 채우는 것이 아니라, 함께 기뻐하고 함께 즐기며 함께 어울려 살아가는 '세상 속에 있다'는 것을 느끼게 될 것이다.

알고보면 현대는 자신의 행복을 우선시하면서도 함께 사랑을 나누는 '자비의 시대'이다. 재산이 많고 명예가 높다고 하여 행복을 느끼는 시대는 이미 멀어져 가고 있다. 언제나 고상한 인격과 삶의 품격이 함께 높아지면서, 나누고 베푸는 것이 행복의 조건이 되는 '향기로운 욕망의 시대'가 되어가고 있다.

그러므로 자신의 삶 속에서 '어떠한 욕망을 가졌느냐'가 삶의 질을 결정하며, 그 욕망을 '어떻게 스스로 통제하고 조절할 수 있느냐'가 그 사람의 품격을 결정한다.

비움을 실천할 때 인간은 성숙한다

- 도덕경에서 -

대도 폐하여
인의 나서고
지혜 나타난 뒤에
큰 거짓 생겼다

가족이 화목하지 못하면
효니 사랑이니 하는 것이 나서고
나라가 어지러워지면
충신이 생겨나는 것이다

하얀 연기 피우는 마을, 흩어지는 낙엽소리 가을 산을 비운다. 아무리 채워도 저 하늘 비어있고 아무리 올라도 저 달은 잡을 수가 없다. 욕심아! 다시는 내 가슴 속에 머물지 마라. 너를 버린 그 날은 흰 모래 냇가에서 맑은 물 흘러간다.

우리의 삶에는 쉽고도 어려운 것이 하나 있다.
그것은 바로 '비우는 것'이다.

비움의 마음은 무심의 마음이다.
필요없는 것을 갖지 않는 욕심이 없는 마음이다. 비어있어 채울 수 있고 가진 것이 없어 이루는 것이 많게 되는 공의 마음이다.

비움의 마음은 모든 것을 버리는 것이 아니다. 나쁜 마음을 비우는 것이다. '미움, 원망, 분노, 아집'과 같은 나쁜 마음을 버리고, 새로운 '희망, 용기, 기쁨, 사랑'과 같은 좋은 마음을 채우는 것이다. 거울에 먼지를 닦아내듯이 마음속에서 악을 비우고 선을 채우려는 마음이다.

인간은 '비움의 철학'을 아는 순간부터 성숙한다.
허기진 굶주림은 식욕이란 생명력을 키워주고, 가난의 아픔은 고통에서 벗어나고자 하는 지혜와 의지를 심어준다. 그래서 적당한 비움과 결핍은 오히려 강한 생명의 뿌리를 내리게도 하고 삶의 의욕을 불어넣게도 하는 에너지의 원천이 된다.

그러므로 소중한 무언가를 채우려 하면 우리는 반드시 쓸모없는 무언가를 먼저 비워야 한다.

현명한 농부는 벼의 뿌리를 튼튼하게 하기 위하여 일부러 논에서 물을 뺀다. 물이 없는 논에서는 목마른 벼의 뿌리가 물을 찾아 땅속 깊이 파고든다. 물이 모자람으로써 벼의 뿌리를 땅속 깊이 파고들게 하고, 목마른 고통으로서 벼의 뿌리를 더욱 튼튼하게 한다. 그것이 결핍이 안겨주는 지혜요. 고통이 전해주는 '깨달음'이다.

그러나 우리 앞에 펼쳐지는 대부분의 불행은 모자람이 아니라 넘침에 있다. 본래 한 개가 필요한데도 두 개를 가지려는 것은 비움의 마음이 아니다. '필요하다'고 생각되던 것이 '필요 없다'는 것을 깨닫게 되는 것이 비움의 마음이다.

부지런한 꿀벌도 집안에 꿀이 가득하면 일부러 일손을 멈추고 게으름을 피운다. 이같이 채워진 부는 교만으로 망가지고 쓸모 없는 지식은 내세움으로 파멸하며 지나친 권세는 더 큰 힘으로 무너지게 되어있다. 그래서 욕망은 다 가져도 문제이고 모자라도 문제가 된다.

이러한 허기진 욕망을 줄이는 길은 오직 자기 스스로가 '비움의 고결함'을 깨우치는 길 뿐이다. 그러므로 살아가면서 너무 고집을 부려서도 아니 되고 지나치게 탐해서도 아니 된다. 사실상 채우고자 하는 욕망이 작으면 무언가를 크게 손해 볼 것 같지만, 오히려 '더 얻는 것이 많게 된다'는 사실을 우리는 알아야 한다.

알고 보면 우리의 마음은 본래 하늘을 닮은 공의 마음이다.

어디에도 머무르지 않는 무상의 마음이다. 공의 마음은 시작도 없고 끝도 없다. 모든 자리가 중심이 되고 모든 곳이 비어있다. 침을 뱉어도 흔적을 남기지 않고 활을 쏘아도 아파하지 않는다. 끊임없이 이어져 써도 써도 다함이 없다.

그러므로 공의 성품을 타고난 우리는 인생사에 너무 많은 의미를 부여하지 말아야 한다. 좋고 나쁨으로 나누지 말고, 옳고 그름으로 편가르지 않아야 한다. 너와 나의 마음이 멀지 않고, 내 몸과 사물이 다르지 않음도 알아야 한다.

언제나 공을 닮은 '비움의 마음'이 만물의 가치를 이롭게 하고 우리의 삶을 거룩하게 한다.

전체를 하나로 바라보는 습관을 가져야 한다

꽃

\- 시인 김춘수 -

내가 그의 이름을 불러주기 전에는
다만 하나의 몸짓에 지나지 않았다

내가 그의 이름을 불러 주었을 때
그는 나에게로 와서 꽃이 되었다

내가 그의 이름을 불러 준 것처럼
나의 이 빛깔과 향기에 알맞은
누가 나의 이름을 불러다오

그에게로 가서 나도
그의 꽃이 되고 싶다
우리들은 모두 무엇이 되고 싶다

너는 나에게 나는 너에게
잊혀지지 않는 하나의 의미가 되고 싶다

어느 도회지에서 소박한 삶을 살아가고 있는 한 젊은 부부가 있었다. 어느 날 저녁 무렵, 직장에서 일을 마친 남편이 사랑하는 아내가 기다리고 있는 집으로 돌아온다.

그런데 집으로 돌아온 남편은 아내의 모습에서 무언가 불안한 느낌을 갖게 된다. 평소 밝고 명랑한 아내가 오늘따라 말이 없고 표정이 어두워 보이는 것이다.

궁금한 남편이 먼저 말을 건넨다.
"여보, 당신 얼굴 빛이 좋아 보이지 않네요? 무슨 걱정거리가 있어요?" 그러자 아내는 아무런 말도 없이 고개를 젓는다.

남편이 다시 묻는다. "여보, 당신의 모습에서 무슨 괴로운 사연이 있어 보여요? 무슨 힘든 일이 있으면 한번 얘기해봐요?" 아내는 계속되는 남편의 성화에 못 이겨 마침내 고민스런 얘기를 털어놓게 된다.

"여보, 사실은 오늘 낮에 저희 집에 친정엄마가 다녀갔어요.
그런데 친정동생이 그만 일을 저지르고 말았대요. 동생이 아무런 준비나 대책도 없이 친정 읍내마을에 있는 괜찮은 자리에 비싼 가게를 하나 계약하였는데"

"친정에서 구하고 구하여도 아직도 많은 돈이 모자란대요.
일주일 이내로 잔금을 치러야 하는데 돈은 구할 곳도 없고 하여, 행여

나 하는 마음으로 친정엄마가 저희 집으로 달려왔었답니다. 여보, 괜히 어려운 얘기를 해서 미안해요."

"여보! 그런데 제가 엄마한테 우리의 어려운 가정형편을 다 말씀 드렸어요. 먼 훗날 이 못난 딸이 부자가 되면 그때는 '엄마 여행도 시켜드리고 좋은 옷도 사드리고 용돈도 두둑하게 드리겠다'고 약속했어요."

"그러나 지금은 미안하지만, 우리의 살림살이가 너무 어려워 도저히 '엄마의 부탁을 받아 드릴 수가 없다'고 했어요. 여보, 나 얘기 잘 했지요?"

그 많은 돈을 급히 마련해야 하는 힘들고 초조해하는 엄마의 아픈 가슴에 '모질고도 서러운 말을 내 뱉었다'고 생각하는 아내는 대성통곡을 하며 방안으로 들어가 문을 잠근다.

남편은 문을 두드리며 위로의 애원을 해보았지만 아내는 방안에서 흐느껴 울기만 한다. 힘든 아내의 아픈 마음을 속 시원히 해결해줄 수 없는 못난 자신이 너무나도 한스럽고 죄스럽게 생각된다.

얼마 후 아내의 울음소리가 줄어들자 남편은 문 밖에서 아내에게 미래의 다짐을 약속한다.

"여보, 우리 앞에 마주치는 힘든 고통은 모두 '하느님이 우리들에게 내리는 시험과제'가 된다오. 우리의 시련을 시험하고 지혜를 시험하며 신념과 인내를 시험하는 것이 된다오."

"여보, 가난이 우리의 사랑을 시험하고 세상풍파가 우리 두 사람의 민음을 시험하더라도, 나는 흔들림 없이 당신 곁을 꼭 지킬거예요.
여보, 너무 걱정하지 말아요. 처남이 하고자 하는 일도 온 가족이 한마음 한 뜻으로 힘을 합치면 슬기롭게 해결되리라 믿어요."

그제서야 아내의 문 여는 소리가 조용히 들린다.
그들의 살림에는 가난이 온 집안에 베어 있었다. 작은 방안에는 포근한 침대 하나 없었고, 어두운 신혼 지하방은 밝은 유리창문 하나 없었다. 그리고 방바닥은 오늘 따라 너무나도 차가웠다. 남편은 조심스레 이불을 당겨 차가운 아내의 어깨를 감싸준다.

그리고 마음속으로 다짐한다.
반드시 '사랑하는 아내를 위하여 아늑한 행복의 집을 마련할 것'이라고. 남편은 생각한다. '희망의 빛이 있으면 비가 새는 판자집에도 사랑은 있다.' 나는 꿈도 이루어야 하고 사랑하는 아내도 지켜야 한다. 이렇게 초조하고 애타는 하루를 보낸 후 다음날 저녁 무렵이 되었다.

남편은 직장에서 일을 마치고 평상시 보다 조금 일찍 집으로 돌아왔다. 그리고 사랑하는 아내를 부른다. 아내가 방안으로 들어오자 남편은 말없이 아내의 손에 두툼한 봉투를 건네준다. 그리고 아내의 손을 꼭 잡는다.

"여보, 이것을 내일 처남한테 전해요.
절대로 '내가 준다'는 얘기를 하지 말고요. 당신이 푼푼이 모아둔 '여윳 돈'이라고 얘기해요. 그리고 '천천히 갚아도 된다'고 함께 얘기를 하고요."

남편의 말에 아내는 깜짝 놀란다. 한눈에 보아도 알 수 있는 두툼한 돈 봉투였다. "여보, 이 돈 어디에서 나왔어요?" 아내는 몹시 당황스러웠다. 생길 수 없는 돈이 여기 이렇게 방바닥에 놓여 있는 것이다. 남편은 당황해 하는 아내의 손을 다시 꼭 잡는다.

그리고 솔직한 심정으로 고백한다.
"여보, 사실 이 돈은 우리가 매월 적립하고 있는 정기적금을 오늘 은행에 가서 해약을 하였어요. 바로 그 돈이에요." 남편의 얘기에 '아내는 황당하고 놀랍고 무언가 크게 잘못되었다'고 생각한다.

두 달 후면, 이 적금을 찾아 지겨운 월셋방에서 전세방으로 옮기기로 약속한, 따뜻한 보금자리를 마련하기 위해 적립하고 있는 돈이었다. 새로 태어날 아기를 위한 방이 필요하였기에 조용하고 아늑한 방 두 개가 있는 전세방이 그들의 오랜 소망이었던 것이다.

아내의 마음에는 5년이라는 지난 세월이 모두 헛수고가 된 듯한 기분이다. 그러나 남편의 가슴 한 구석에는 처남에게 전하고 싶은 더 큰 사랑의 불꽃이 뜨겁게 불타고 있었다.

남편은 아내가 차려주는 술을 마시며 아내에게 따뜻한 위로의 말을 전한다. "여보, 사랑은 한방에서 싹트고 미움은 각방에서 생기는 것 알죠? 나는 당신이 곁에 있는 지금의 작은 단칸 방이 더 좋아요.

"여보, 돈은 사람의 마음을 시험하는 요술쟁이 같은 것인가 봐요? 돈이 주는 위대한 힘은, 가장 어렵고 힘들 때 진정 내가 아끼는 상대를 돕는 것이 아니겠소. 만약 '내가 부자가 되어 넉넉할 때 처남을 돕는다'면 그것은 '나의 영혼이 베푸는 것이 아니라 나의 여유가 주는 것'이 될 뿐이라오."

"비록 우리의 삶이 이렇게 힘들어도
우리 부부의 가슴 속에는 '어려운 누군가에게 베풀고 싶어하는 자비의 마음을 고이 간직하고 있다'는 사실에 기뻐하고 감사해요!"

"그리고 먼 훗날 우리가 부자가 되면
'오늘이 가장 위대한 날이었다'고 꼭 자랑하고 싶어요. 여보, 우리 앞에 펼쳐지는 최고의 날들을 이렇게 우리 부부가 함께 만들어가요."

남편은 술잔을 비우며 생각한다.
'아낌없이 베푼다'는 것은 내가 가진 그 이상의 의미를 주는 것이다. 기쁨을 주고 사랑을 주며 숭고한 희생을 바치는 것이다. 비록 삶은 힘들어도 남편의 마음은 오늘따라 한없이 너그럽고 착해 보인다.

술은 취하고 아내는 오늘따라 너무 예쁘다.
남편은 조심스레 아내의 손을 잡아본다. 그 순간 아내의 작은 손이 남편의 입을 막는다. 그리고 그녀의 떨리는 작은 가슴을 듬직한 남편의 가슴속에 맡긴다. 이렇게 설레는 밤은 서로의 달콤한 사랑을 확인하며 그들을 천국으로 안내하였다.

날이 밝아오자, 아내는 친정 집으로 발걸음을 옮긴다.
'베푸는 것'이 이렇게 가슴 설레게 하는 것인지를 난생처음 느껴본다. 마을 입구에 들어서자 멀리서 친정집도 보이고 굽은 허리를 잡고 마당에서 분주히 움직이는 친정엄마도 보인다.

잠시 후 모두는 방안으로 모여든다.

누나 앞에 나타난 동생은 모든 걸 이미 다 알고 있는 듯 하였다. 누나는 글썽이는 눈물을 참으며 동생에게 가져온 두툼한 돈봉투를 건넨다. 그리고 동생의 손을 꼭 잡는다.

그러자 동생이 먼저 말을 꺼낸다.

"누나, 너무 걱정하지마.

나 꼭 성공할거야! 매형 걱정 안 시켜 드릴게."

"그래 너는 꼭 해낼 수 있을 거야.

성공은 자신과의 가장 위대한 약속이다. 성공에 대한 약속을 지키는 것도, 그 약속을 포기하는 것도, 모두 '자신의 의지'에 달려 있다는 사실을 너는 꼭 명심해야 한다. 꼭 성공하길 이 누나는 빌고 또 빌게! 사랑한다."

가난한 두 남매는 서로 부둥켜 안고 하나된 마음으로 한동안 흐느껴운다. 다시 누나는 가냘픈 엄마의 손을 꼭 잡는다.

"엄마, 우리는 하나잖아!

엄마가 행복하면 나도 행복하고, 엄마가 힘들면 나도 힘들어. 엄마, 너무 힘들게 살지마!" 다시 엄마의 거친 손이 고마운 마음을 담아 딸의 손을 잡는다.

"그래 내가 죄인이다. 이 어미가 못나서 죄인이고 가진 것이 없어서 죄인이다. 그래서 너희들에게 잘해주고 싶어도 무엇 하나 해줄 수 있는 것이 없구나. 미안하다. 이 어미를 용서해라!"

"엄마가 왜, 그런 말씀을 하세요.
엄마는 우리를 낳아주고 길러준 것 만으로도 너무나도 고맙고 위대해
요. 이 세상에 엄마의 자리보다 더 높은 자리가 어디 있어요. 나의 손가
락 하나도 나의 발가락 하나도 모두 엄마 거예요. 내가 이렇게 예쁘게
자란 것도 모두 엄마의 덕분이고요."

"그래, 그렇게 생각해주니 고맙다."
엄마는 마지막으로 딸에게 말한다. "얘야, 사위한테 꼭 전해라. '고맙
다'고 '너무 고맙다'고." 말없이 앉아있던 동생은 모두가 자신 때문이
라는 자책감으로 먼저 슬그머니 방을 나선다.

집으로 돌아오면서 아내는 곰곰이 생각해 본다.
무엇이 이렇게 남편의 마음을 움직였을까? 한참을 생각한 후 아내는
깨닫게 된다. 그것은 바로 '전체를 하나로 바라보는 하나된 마음'이라
는 것을...

모두가 '할 수 없다'고 생각할 때 남편은 하나된 마음으로 이루어 낸
것이다. 모두가 '가진 것이 없다'고 할 때 남편은 아낌없이 가슴속에
남아있는 모두를 바친 것이다. 남편은 벌써부터 알고 있었다. '위대한
정신은 어떠한 역경 속에서도 위대해야 한다'는 사실을.

먼 훗날, 성공의 영광을 크게 이루어 낸 처남은
누나와 매형, 그리고 갓 태어난 조카의 행복을 위하여 그들이 살아갈
멋진 집을 흰 봉투 속에 고이 남겨두고 누나 집을 나선다. 누나는 '고
맙다'는 말도 못하고 눈물을 글썽이며 동생의 등 뒤에서 손을 흔든다.

그리고 남편의 지난 얘기가 머리 속에 스친다.
'적금을 사랑으로 전달한 그날이 가장 위대한 날이었다'고,
그 마음이 온 가족이 함께하는 '한마음'이라고.

'한마음의 공부는 계속된다'

우주의 모든 존재는 본래 하나다.
모두는 하나에서 생겨나고 하나로 돌아간다.

자연 속에서 살아가는 미생물은 식물의 먹이가 되고, 식물은 동물의
먹이가 되며, 그 식물을 먹고 자란 동물들은 다시 사람들의 식량이 되
고 있다. 그렇게 먹이 사슬이 되어 살아가다 죽은 생명체들은 자연 속
으로 돌아가면 다시 썩어서 미생물의 먹이가 된다.

이렇듯 이 세상에 어느 것 하나 홀로 살아가는 것은 없다.
모두 '자신 이외의 존재의 덕분으로 살아간다' 꽃은 꽃 아닌 요소들로
피어나고, 나는 나 아닌 요소들로 이루어졌다. 자연이 토해낸 공기를
내가 마시고, 내가 토해낸 공기를 자연이 마시며 살아간다.

산이 높아 구름 머무는 곳에서는 새가 노래한다.
낮은 산 기슭에서는 착한 농부가 농사를 짓고, 맑은 물이 흐르는 강가
에서는 소박한 어부들이 물고기를 잡으며 살아간다.

만약 이렇게 높은 산과 낮은 계곡이 없이 '모든 세상이 하나같이 평탄
하다'면 이 세상의 아름다움은 존재하지 않을 것이다. 또한 '일년 내
내 시원한 바람이 불어온다'면 들판의 오곡은 알차게 익을 수가 없다.

이같이 우리의 세상은 높고 낮음이 있고 크고 작음이 있으므로 자신의 개성이 존중되며 삶의 조화를 이룰 수가 있다. 아울러 서로 다른 생각이나 주장을 하는 사람들이 있어 이 세상은 활기차고 다채로운 인생을 체험할 수가 있다. 그것이 바로 전체를 하나로 바라보는 '한마음'이다.

5. 성실의 장

성실이 삶의 바탕이 되어야 한다

열정은 나를 나답게 만드는 에너지다

지나친 집착이 인생을 망친다

성실과 즐거움이 삶의 바탕이 되어야 한다

今日 歌 금일 가

- 명나라시인, 문가 -

오늘 다시 오늘, 오늘이 어찌 이리 짧은가?

오늘 다시 하지 못하면 이 일 언제 마칠 것인가?

인생을 백 년 가까이 살면서 오늘은 몇 번이나 있었을까?

오늘 이루지 못하면 참으로 아까운 것이니

내일 아침은 또 내일 아침에 할 일이 따로 있네

지금 주어진 시간을 잘 이용해 후회를 남기지 마라.

저기 소 한 마리 가을 풀에 누웠는데

목사님은 한가로이 들길을 걷고 있다. 넓게 펼쳐진 들판에서는 세 사람의 농부가 각자 자신의 텃밭에서 일을 하고 있다. 목사님은 그들이 있는 곁으로 다가가서 한 사람씩 말을 건네본다.

목사님이 먼저 '넓은 들판'에서
지친 모습으로 일을 하고 있는 농부에게로 다가가서 말을 건넨다.

"아저씨! 아저씨는 이렇게 힘든 일을 왜 하세요?
농사짓는 일이 힘들지 않나요?"

그러자 귀찮은 듯 농부가 대답한다.
"누구는 농사를 짓고 싶어서 짓나요,
먹고 살기 위하여 죽도 살도 못하고 어쩔 수 없이 짓지요."

그의 말은 거칠었고 그의 몸은 힘들고 지친 듯 보였다.
그의 모습에서는 삶의 기쁨이나 보람의 흔적은 그 어디에서도 찾아볼 수가 없었다. 최선을 다하려는 성실한 모습도 행복을 꿈꾸는 감사의 마음도 없어 보였다.

이렇게 '생각이 굳어지면 말도 거칠어지고 일도 힘들어진다'는 사실을 목사님은 여기 농부를 보면서 느낄 수 있었다.

목사님은 어색한 인사를 마치고 다시 한참을 걸어 내려와서
'넓은 채소밭'에서 홀로 일을 하고 있는 다른 농부에게로 다가가서 같은 사연을 물어본다.

"아저씨! 아저씨는 이렇게 힘든 농사일을 왜 하세요?
농사일이 힘들지 않나요?"

농부는 빙그레 웃으며 대답한다.
"목사님, 이것이 나에게 주어진 소명인가 보오. 이렇게 열심히 농사를 지어야 사랑하는 아내와 귀여운 자식들을 돌보면서 살아갈 수 있지 않겠소?"

"비록 몸은 힘들어도 마음은 마냥 즐겁고 행복하다오.
배움도 짧고 생각도 부족한 나 같은 사람한테는 딱 어울리는 일이라 생각하며, 이렇게 열심히 농사를 지으면서 살아가고 있어요"

그의 몸은 힘들어 보였으나 행복을 지키려는 그의 소망은 간절한 듯 하였다. 그날 그날에 만족하며 큰 꿈은 체념하고 작은 괴로움은 숨기려는 듯 보였다.

마지막으로 '산기슭 과수원'에서
즐거운 모습으로 일을 하고 있는 다른 농부에게로 다가가서 같은 얘기를 물어본다.

"아저씨께서는 모두가 힘들어하는 농사일을 그렇게도 즐거운 기분으로 하세요? 무슨 좋은 일이라도 있나봐요?"

그러자 농부는 밝은 표정으로 목사님에게 말한다.
"목사님! 나는 지금 나의 농사를 짓는 것이 아니라오.
나는 하느님의 영광을 기리기 위하여 여기 과수원에서 하느님의 일을
도울 뿐이라오."

"저기 과일을 키우며 잘 익게 하는 것은 모두 하느님이 하는 일이 되
지요. 대지를 적셔주는 촉촉한 비를 내리는 것도, 잎을 피우게 하는
따뜻한 햇볕을 비추는 것도, 모든 생명이 살아 숨쉬게 하는 맑은 공기
를 내뿜는 것도 모두 하느님의 일이 된다오."

"사실 우리 인간들은 소중한 '공기 한 줌, 물 한 방울, 과일 한 개, 채
소 잎 하나' 만들지 못하는 미약한 존재가 될 뿐이라는 사실을, 나는
여기 자연 속에 살면서 알게 되었다오. 다만 우리 인간들은 그저 씨앗
을 뿌리고 잡초를 뽑아내면서, 때가 되면 하느님의 은혜를 담고 있는
잘 익은 곡식들을 수확하는 일이 전부이지요."

"그런데도 대부분의 사람들은 모두가 자기가 한 일이라고 착각하고
자만하면서 살아가고 있어요. 사실 이렇게 주렁주렁 달린 과일을 잘
익게 하는 성실은 모두 하늘의 일이 된다오. 그러니 하느님의 은혜 앞
에서 내 어찌 고맙고 감사하지 않겠소!"

그을린 농부의 얼굴은 한없이 거룩해 보였다.
그리고 감사의 마음을 담고 있는 그의 말은 너무나도 성스러웠다. 농
부의 성실은 하늘의 일을 돕는 것이었다. 그리고 그의 수확은 하느님
의 은혜였고 그의 즐거움은 하느님에 대한 감사의 표현이었다.

농부의 말은 성스러운 하늘의 향기가 되어 온 들판으로 내려온다.
목사님은 농부를 바라보며 두 손 모아 합장한다. 그리고 기도한다.
'하느님의 영광을 여기 농부의 들판에 듬뿍 내려주소서!'

"목사님은 눈을 감고 다시 성실한 삶을 위하여 기도한다."

저절로 잎을 피울 리는 없다. 저절로 익어 갈리는 없다.
그 곳에는 남모르는 성실이 있다. 우리가 살아가는 넓은 세상은 새롭고 소중한 것들로 가득하지만, 피땀어린 성실 없이는 잘 익은 과일 하나도 그냥 가질 수 없다.

성실은 내 앞의 모든 존재에 대한 예의이며 선이다. 선한 마음으로 정성을 다하여 오늘을 기쁘게 하는 삶의 자세다. 가슴 속에 희망을 품고 신념으로써 힘찬 발을 내 딛는 것이 성실의 출발이다.

이러한 성실은 모두 지혜와 신념에서 생겨난다.
우리는 모르는 것을 알고나면 믿음이 생기며 자신감이 생겨난다. 그렇게 자신감이 생기게 되면, 자신도 모르게 무언가를 나타내고 싶어하고 자랑하고 싶어하며 이루고 싶어한다. 그것이 신념이 안겨주는 인간의 본능적인 실천심리다.

그러므로 삶의 성실은 노력하고 실천하며 반복해야 한다.
그리고 익숙하고 몸에 베어야 한다. 그러면 성실이란 양적인 변화 속에서 즐거움이란 질적인 변화를 가져오게 된다. 그렇게 반복되는 생활습관이 삶의 질을 높이며 성실의 열매를 맺게 한다.

현재에 성실하라. 성실은 지금 이 순간을 충실 하는 것이다.

우리는 후회스런 과거나 불안해 하는 미래에 사는 사람이 되어서는 아니 된다. 언제나 현재를 좋아하고 즐기는 사람이 되어야 한다. 현재 자체가 미래를 위한 수단이 아니라 이상적인 목적이 되어야 한다.

그러나 이러한 성실도 너무 힘들고 지치게 되면
삶의 즐거움을 빼앗고 소중한 건강을 해칠 수도 있다. 그러므로 미풍이 불어오듯 가볍고 즐거운 마음으로 일하고 잎이 그늘을 만들어 주듯이 우리의 성실도 때로는 쉬어가야 한다.

그러나 상당수 사람들은 열심히 노력해야 할 때 게으름을 부리고
자연스럽게 기다려야 할 때 억지를 부리며 나서려 한다. 사실상 우리가 살아가면서 생기는 모든 일은, 스스로 이루어지는 것이 있고 반드시 노력해야만 이루어지는 것이 있다. 가을에 할 일을 봄에 하려 하여서는 아니 된다. 싹이 트고 꽃이 피며 열매를 맺는 계절이 따로 있다.

집을 짓는 목수는 자기가 짓는 집이 자신의 집이 아니라는 사실을 잘 안다. 완성되면 '주인에게 넘기고 떠나야 한다'는 사실을 누구보다도 잘 알고 있다. 그러나 목수는 정성을 다하여 톱질을 하고 대패질을 하며 최선을 다한다. 그리고 그 집이 완성되면 가벼운 마음으로 연장을 챙겨서 그 집을 떠날 준비를 한다.

고맙게도 목수는 정성껏 지은 집을 기쁜 마음으로 주인에게 넘겨준다. 그리고 주인이 그 집에서 잘 살기를 기원한다. 목수는 성실한 과정에서 기쁨을 찾아내고 최선을 다한 결과에서 보람을 느낀다. 그리고 '삶의 과정은 언제나 즐거움이 함께하는 성실이 되어야 한다'는 사

실을 누구보다도 몸소 실천하며 살아가는 소박한 사람들이다.

그러므로 '즐겁지 않으면 나서지 말고 보람되지 않으면 애쓰지 말아야 한다.' 진정 스스로 기뻐하고 즐길 수 있을 때, 자신도 모르게 창조적이 되고 자신의 능력을 모두 끄집어 낼 수 있다.

세계적인 외줄타기 곡예사 '칼 왈렌다'는 "나에게는 줄을 타고 있을 때만이 진정한 인생이다. 그 외는 모두 기다릴 뿐이다"라고 하였다. 왜냐면 진정 자신의 일에 몰입하여 최선을 다할 때, 그때 비로소 자신도 모르게 기뻐하고 즐거워하며 자기자신에게 칭찬받는 일이 되기 때문이다.

이처럼 위대한 정신의 소유자들은 하나같이 자신이 하고 있는 일에 대하여 엄청난 흥미와 즐거움을 가지고 열정을 쏟는다. 그들은 기회가 왔으나 필요 이상의 욕망을 채우지 않고 필요 이상의 노력을 하지 않는다. 언제나 적당히 애쓰고 가볍게 채우며 노는 듯이 즐기며 최선을 다한다.

그래서 자신에게 주어진 일을 즐거운 마음으로 하느냐, 괴로운 마음으로 하느냐, 그것이 삶의 질을 결정한다. 삶의 과정은 즐거워야지 결코 투쟁으로 생각해서는 아니 된다. 왜냐면 살아가는 과정에서 필연적으로 있어야 할 '창의 성실 인내'는 모두 그 즐거움 속에서 녹아져 나오기 때문이다

열정은 나를 가장 나답게 만드는 에너지다

멈추지 마라

- 시인 양광모 -

비가와도
가야 할 곳이 있는 새는 하늘을 날고

눈이 쌓여도
가야 할 곳이 있는 사슴은 산을 오른다

길이 멀어도
가야 할 곳이 있는 달팽이는 걸음을 멈추지 않고

길이 막혀도
가야 할 곳이 있는 연어는 물결을 거슬러 오른다

인생이란 작은 배
그대 가야 할 곳이 있다면
태풍이 불어도 거친 바다로 나아가라

봄 누에는 죽기 전까지 실을 뽑고, 초는 재가 되어야 눈물이 마른다' 당나라 시인 '이상은'이 한 말이다.

열정을 바쳐라! 열정은 나를 가장 나답게 만드는 에너지다.
열정은 게으름뱅이를 부지런하게 만들고 옹졸한 사람을 용감하게 만들며 심약한 사람을 강하게 만든다. 그리고 언제나 자신을 즐겁게 하고 자랑스럽게 한다.

열정은 신념에서 나온다. 꼭 되리라고 다짐하며 믿는 마음에서 나온다. 의식의 도움 없이도 스스로 처리할 수 있는 상황이 열정이다. 열정은 몰입을 불러오고 몰입은 삶의 기쁨과 만족을 안겨준다.

열정을 불사르기 위하여는 먼저 자신이 하고 있는 일을 즐겨야 한다. 그리고 그 곳에 집중하여야 한다. 왜냐면 인간은 신이 나고 즐거울 때 자신도 모르게 몰입할 수 있고 놀라운 창조력을 발휘할 수 있기 때문이다.

그래서 열정을 다하는 사람에게는
스스로 함으로써 애쓰지 않고 즐겁게 함으로써 이루지 못하는 것이 없다. 그때 비로소 자신의 능력을 극대화 시킬 수 있고 자신이 가진 최고의 가치를 모두 끄집어 내게 한다.

만약 지금 '자신의 삶에 재미가 없고 즐거움이 없다'면 그것은 자신의 가슴속에 숨겨진 뜨거운 열정을 다 바치지 않았기 때문이다. 그러므로 소중한 생명이 있는 한 꿈이 있고 열정이 있어야 한다. 열정을 다하면 세상의 기쁨과 소망은 스스로 다가오게 되어있다.

위대한 업적을 남긴 수많은 선각자들은
처음에는 대부분 주위사람들로부터 몽상가나 바보로 불리어 왔다. 그러나 그들은 남들의 비난이나 조롱 따위는 멀리하였다. 언제나 내면 속에 숨겨져 있는 자신의 소리를 듣고 신선한 깨우침에 힘과 용기를 얻었다. 그들은 스스로 내면의 힘을 키웠고 스스로 용기를 얻었으며 스스로 열정을 불살랐다.

신대륙을 발견한 콜럼버스가 주위사람들의 조롱과 멸시를 이겨낼 수 있었던 것은 '언젠가는 반드시 개척지에 도달 할 수 있다'는 강한 신념과 불타오르는 열정이 그의 가슴속에 담겨있었기 때문에 가능하였다.

그는 흔들리는 갑판 위에서 '오늘도 서쪽으로 항해했다.
신대륙이 가까워지고 있다. 나의 꿈은 불타고 있다'라고 매일 자신의 일기장에 적었다.

이처럼 성공한 사람들의 정신세계는 한결같이 '자신이 성공할 수 있을 것'이라는 확신에 찬 믿음이 있었다. 그리고 자신의 신념을 믿고 뜨거운 열정을 불살랐다. 그들은 실패를 말하지 않았고 성공을 말했으며, 고난 앞에서 움츠리지 않고 언제나 꿈과 용기를 자신있게 말했다.

지나친 집착이 인생을 망친다

흰 갈매기

- 방랑시인 김병연 -

흰 모래 흰 갈매기
둘 다 희고 희니

흰 모래와 흰 갈매기
분간이 안 가네

어부의 노래 한 곡조에
홀연히 날아가 버리니

그제야 모래는 모래
갈매기는 또 갈매기 된다

어느 작은 시골마을에

마음이 꽤나 너그러우면서도 술을 좋아하시는 할아버지 한 분이 살고
있었다. 마당에는 잘 익은 감나무 심어두고 날이 밝으면 언제나 사립
문을 활짝 열어둔다.

할아버지의 기쁨과 보람은
종종 마을 친구분들과 함께 구수한 막걸리를 마시면서, 추억 어린 지
난 얘기와 환한 웃음으로 즐거운 하루를 보내는 일이었다.

그런데 할아버지는 언젠가부터 건강이 염려가 되어
가끔씩은 술을 끊기도 하고 줄이기도 해보았다. 이틀을 끊고 웃기도
하고 열흘을 줄이면서 기뻐도 해보았다. 이렇게 나이가 염려되고 '건
강을 보살펴야 된다'는 마음으로 오늘 아침부터 다시 '술을 끊겠다'고
굳게 다짐해 본다.

그렇게 한가로운 한나절이 지나고 다시 저녁 무렵이 되었다.
산 그림자가 마을로 내려오자, 뒷집에 살고 있는 순이가 자기 아버지
의 간소한 생신초대를 알리고 간다. 할아버지는 생각하고 또 생각해
본다.

만약 친구의 생신자리에 찾아가면 술잔을 거절하기가 어려울 것이고,
안 가면 순이 아버지의 분노가 이만 저만이 아닐 터이라, 이래도 걱정
저래도 걱정이 된다. 그러나 한 평생 쌓아온 우정의 발걸음은 자신도

모르게 친구의 집으로 달려가고 있었다.

축하 얘기도 꺼내기 전에 순이 아버지가 먼저 술잔을 권한다.
그러나 '오늘 아침부터 술을 끊었다'는 소리가 차마 입에서 나오지를
않는다. 머뭇거리고 있는 사이, 소식을 전해들은 순이 할머니가 가벼
운 웃음을 타서 함께 술을 권한다.

주저하고 망설이던 마음이 모두 술잔 속에 녹아 내린다.
웃음은 온 동네를 흔들고 세상 인정은 모두 이 방에 모인 듯하다. 참
고 참아서 3잔을 마신 할아버지는 즐거운 마음으로 집으로 돌아왔다.

할아버지는 조용히 생각해 본다.
진정 위대한 자는 자신을 다스릴 수 있고 스스로 즐기는 자이다. 욕망
의 늪에 빠질 때 욕망은 사람을 눈멀게 하고 돈의 노예가 될 때 인간
은 이성을 잃게 된다.

그러나 술에 빠지지 않고 술을 조절할 수 있는 '당당한 마음의 주인이
된다'면 적당한 술은 오히려 삶의 기쁨이 될 수도 있을 것이다. 술에
빠지는 자가 아니라 '술을 조절하며 즐기는 자가 되어야겠다' 고 다시
마음속으로 굳게 다짐해 본다.

그러나 그의 아들은. 왜 이토록 아버지가 술의 유혹에 빠져서 그곳에
매달리며 집착하는지를 곰곰이 생각해 본다.

도대체 집착이란 무엇인가?

집착은 허무한 명분에 매달려 움직이지 않는 고집스런 마음이다.
아무리 생각한들 헛된 것에 매달려 부질없는 일을 계속하는 것이다.
누에가 자신이 만든 고치속에 갇혀서 살아가듯이, 사람도 자신의 잘
못된 편견이 만든 무언가에 갇혀서 살아가는 것이다.

본래 인간의 마음은 실체는 없지만 현상은 있다.
사람들은 이러한 마음의 현상을 사실대로 보지 못하고 망상으로 보는
습관이 있다.

그 왜곡된 망상이 자신만의 환상적인 세상을 만들고 자신만의 행복을
찾아 나서게 한다. 때로는 '좋지 않은 것을 좋다'고 생각하고, '옳지
않은 것을 옳다'고 합리화하면서, 자기 스스로가 고통을 안겨주는 질
긴 집착의 늪으로 빠져들게 한다.

이처럼 상당수 현대인들은 탐욕에 젖어 생각이 굳어지고, 집착된 마
음으로 세상을 바라보는 시야가 좁아져 있다. 눈으로 봐도 볼 수가 없
고 귀로 들어도 잘 들리지 않는다.

이 모두는 자기가 보고 싶은 것만 보고 세상의 참다운 모습은 보지 않
기 때문이다. 그러므로 부질없는 집착에 매달려 자신의 참된 삶이 너
무 괴롭힘을 당해서는 아니 된다.

물론 그렇다고 열정을 바치지 말라는 것은 아니다.
언제나 주어진 일에 최선을 다하되 마음의 균형을 잃지 말고 허망한
것에 집착하지 말라는 것이다.

그럼 이러한 집착은 왜 생겨나는 것일까?

사람들은 세상의 모든 것을 옳고 그름으로 분별하고 좋고 나쁨으로 선택한다. 선택하면 차별하고, 차별하면 어느 한 곳에 치우치게 되면서, 그것이 자신의 관심과 이해에 얽매이는 애착을 일으키게 된다.

그렇게 자신의 편견이 만드는 아집과 애착이 굳어지고 습관화되면서 '무의식적으로 자신의 판단이 옳다'고 믿는 이기적 분별심이 생겨난다. 그것이 '필요가 없어도 좋아 보이면 갖고 싶어하는' 허망된 집착이 된다.

어떤 이는 돈과 재물, 권세와 명예, 지식과 취미생활, 신앙이나 봉사활동 등에 나름대로 최선을 다한다. 어떤 이는 마음을 빼앗으려고 몸을 붙들고, 부자가 되려고 돈의 노예가 되어가면서 살아간다. 이러한 삶의 모습을 두고 누구는 '열정'이라 하고 누구는 '집착'이라 한다.

그러나 열정과 집착은 분명히 구별되어야 한다.

왜냐면 열정은 자신의 삶을 이끌어가게 하는 힘찬 동력이 될 수가 있지만, 집착은 헛된 것에 매달려 아까운 정열을 바치는 모질고도 질긴 '자기학대의 삶'이 되기 때문이다.

그럼 집착과 열정은 어떻게 구별할 수 있나?

먼저 집착은 삶의 과정을 무시하며 삶의 결과에만 매달린다.
'꿈과 이상을 실현하기 위해서는 희생은 어쩔 수 없다'라고 생각한다.
때로는 돈을 벌려고 돈의 노예가 되고 명예를 얻으려고 명예의 노예가 되며 기술을 익혀 기술의 노예가 된다. 이처럼 집착은 무언가를 얻기 위해 무언가의 도구가 되면서 살아간다.

그러나 열정은 그 반대다.
열정은 자기 자신이 그들의 주인이 되어 그것들을 스스로 지배하고 조절할 수 있다. 그리고 주어진 일에 최선을 다하면서도 언제나 그 과정을 음미하며 즐긴다. 그들이 얻고자 하는 '재물 명예 권세 지식 등'은 그들에게는 삶의 목표가 아니라 단지 삶의 수단이 될 뿐이다.

그럼 이러한 집착은 어떻게 없애야 하나?

'집착에서 벗어나고자 한다'면
먼저 자신이 하고 있는 일에 대하여 투철한 주인 의식을 가져야 한다. 그리고 그 일에 최선을 다하면서도 그 일을 통제하고 다스릴 수 있어야 한다. 그때 비로소 허망한 것에 매달려 살아가는 삶의 노예가 되지 않는다.

'성인은 만물을 포용하되 자기의 소유로 삼지 않는다'는 옛말이 있듯이, 진정 깨우친 마음으로 살아가는 선각자들은 대상의 본질을 바로 보는 밝은 지혜가 있다. 그들은 부질없는 것에 대하여 '집착할 가치가 없다'는 것을 미리 알아차리고 헛되이 매달리지 않는다.

혹여 집착하는 마음이 생기면
'내가 무엇을 붙잡고 있어서' 이토록 괴로움의 늪에서 허우적거리는 지를 안다. 그리고 '내가 무얼 내려 놓아야' 진정 내 마음이 자유로워지는지도 안다.

집착 없이 즐기면 세상 모두는 나의 편이 된다.

'재물 명예 지위 인생'도 즐길 수 있고 누릴 수 있을 때 온전한 나의 것이 될 수 있다. 지나치게 집착하면 나의 것이 아니다. 가진 것이 내 것이 아니라 '내 마음을 기쁘게 하고 즐겁게 하는 것이 나의 것'이 된다.

6. 지혜의 장

정신세계를 알아야 한다

지혜는 마음의 등불이다

정신세계를 알아야 한다

참회

– 시인 정호성 –

나 이세상에 태어나
지금까지 나무 한 그루 심은 적 없으니
죽어 새가 되어도 나뭇가지에 앉아 쉴 수 없으리

나 이 세상에 태어나
지금까지 나무에 물 한번 준 적 없으니
죽어 흙이 되어도 나무 뿌리에 가 닿아 잠들지 못하리

나 어쩌면 나무 한 그루 심지 않고
늙은 죄가 너무 커
죽어도 죽지 못하리

산수유 붉은 열매 하나 쪼아 먹지 못하고
나뭇가지에 걸린 초승달에 한번 앉아보지 못하고
발 없는 새가 되어 이 세상 그 어디던 앉지 못하리

어느 따뜻한 봄날!

맑은 물이 흐르고 착한 인심이 넘쳐나는 어느 깊은 산골마을에
하늘나라에서 천사가 내려왔다. 이 소식을 전해 들은 마을 사람들은
아름답고 신비로운 천사를 만나보기 위하여 천사가 있는 마을 앞 큰
느티나무 아래로 모여든다.

거룩한 하늘의 기운을 품은 천사는 한없이 맑고 착해 보인다.
어떻게 이토록 아름답고 신비로울 수가 있을까! 천사의 마음은 어떠
할까? 천사는 도대체 무슨 얘기를 할까? 이렇게 가슴 설레는 순간이
흐르고 있었다.

드디어 천사는 그들 앞으로 나타나서
맑고 고운 목소리로 하늘의 뜻을 전하기 시작한다.

"나는 오늘 엄숙한 하느님의 명을 받들어
여기 인심 좋고 살기 좋은 산골마을로 내려왔습니다. 나는 하늘나라
에서 내려오기 전에 '인간의 마음속 깊은 곳에는 따뜻한 사랑이 있다'
는 소문을 듣고, 외로운 누군가를 사랑하고 싶어서 '인간의 마음'에
대하여 공부를 하였습니다."

"지금 여러분의 가슴속에는 하늘을 닮은 원대한 마음이 들어있습니
다. 사람들은 그 마음으로 만물을 인식하고 삶의 의미를 부여하며 살
아갑니다. 삶의 기쁨과 슬픔, 사랑과 미움, 감사와 원망은 모두 그 마

음속에 담겨있습니다."

"그러므로 보다 참된 삶을 살아가기 위하여는
먼저 자신의 가슴속에 담겨있는 마음의 실체와 그 역할을 바로 알고,
그 마음을 잘 다스릴 수 있는 밝은 지혜를 가져야 합니다."

"그래서 오늘 여기 모이신 여러분 가운데서
마음을 가장 잘 알고 다스릴 수 있는 한 사람을 지금 이 자리에서 찾
아서, 나는 그분을 사랑하는 남편으로 모시며 행복한 삶을 살아갈 생
각입니다."

그러나 마을 사람들은 마음에 대하여 별다른 지혜가 없었기 때문에
큰 기대는 하지 않았다. 오히려 정말 영혼이 있는지 없는지? 마음은
어떻게 생성되어 성숙하는지? 왜 사람들은 분노하고 괴로워하는지?
가 더 궁금하였다.

드디어 천사의 질문이 시작된다.

"그럼 지금부터 제가 여러분께 5가지의 질문을 드리겠습니다.
잘 듣고 그 답을 말해주시기 바랍니다."

첫째 "제가 오늘 하늘나라에서, 여기 인심 좋고 살기 좋은 여러분이
살고 있는 이 마을로 내려왔습니다. 그때 처음 여러분이 저를 보자
마자, '저기 천사다!'라고 알아차리는 것은 의식입니까? 생각입니까?
마음입니까?"

예, 맞습니다. 그것은 바로 '의식'입니다.

의식은 현재 자신이 직접 보고 듣고 느끼고 하는 심적 현상을 단순히 알아차리는 역할을 합니다. 우리가 잠에서 깨어날 때, 우리는 먼저 '의식'이 깨어나게 됩니다. 오늘도 희망찬 아침이란 것을 알게 되고 때로는 혼자라는 사실도 알게 됩니다.

우리가 병실에서 마취 중에 깨어날 때, 우리는 '의식이 깨어난다'라고 말합니다. 의식이 깨어나면 환자는 '여기가 병실이다'라는 것을 알게 되고, 때로는 옆에 '누군가가 있다'는 사실도 알게 됩니다. 이 처럼 누구나 알아차릴 수 있는 '단순한 인식 작용' 그것이 바로 '의식'입니다.

둘째 "내가 여러분을, 언제 만날까? 어디에서 만날까? 무슨 얘기를 할까? 라며 헤아리고 판단하는 정신작용은 무엇일까요?"

예 맞습니다. 그것은 '생각'입니다.

생각은 의식의 행동대장입니다. 의식의 실천은 모두 생각으로 이루어집니다. 그래서 우리는 의식이 깨어있지 않고서는 생각을 할 수가 없습니다. 다시 말하면 의식이 깨어있지 않은 잠이 든 상태나, 마취 중에는 생각을 할 수가 없게 되는 것이죠?

쉽게 얘기하면, 여기에 '창문이 있다'는 것을 단순히 알아차리는 것 은 의식이고, '저 창문을 열까 닫을까'라며 헤아리고 판단하는 것은 생각입니다. 그래서 의식은 그 알아차림이 모두가 같으나, '생각'은 그 판단 기준이 사람마다 다르고 시간마다 변하며 상황마다 틀립니다.

그 이유는 각자의 기억 속에 저장되어있는 생각의 자양분이 되는
'식견 체험 욕망 가치관 등'이 서로 다르고 또한 수시로 변하기 때문
입니다.

그래서 같은 조건에서도 '누구는 많다'라고 생각하고 '누구는 적다'라
고 생각하며, 같은 사람이라도 상황에 따라 '아침에는 좋다'라고 생각
하던 것이 '저녁에는 싫다'라고 생각하게도 됩니다.

셋째 우리가 살아가면서 느끼고 있는 "기쁨 온정 감사 사랑 용기 등은
모두 어디에서 나올까요?"

예 맞습니다. 그것은 바로 자신의 '마음'에서 나옵니다.
내 생각이 모이고 성숙하여 내 마음을 만들고, 내 마음을 움직여 다
시 나의 생각을 일으키게 됩니다. 이렇듯 마음은 의식과 생각이란 정
신작용을 '생성, 성숙, 저장, 재생'하는 터전이 됩니다.

넷째 "그럼 우리의 마음은 어떻게 만들어질까요?"

예, 그것은 태어날 때 자기의 몸을 자신들의 부모님으로부터 물려받았
듯이, 자기의 마음도 자신들의 부모님으로부터 물려받았습니다. 그래
서 모두는 한결같이 부모님의 얼굴과 성품을 그대로 닮아 있습니다.

그렇게 유전되어 살아오는 과정에서
매일매일의 반복된 생각들이 관념화되면서, 자기만의 주관적인 사고
를 하게 되는 것이지요. 그것이 '육체적, 생리적, 정신적으로 모아지
고 다듬어 진 것'이 바로 지금의 마음입니다.

다섯째 "그럼 우리의 마음속에는 무엇을 담고 있을까요?"

예 우리의 마음속에는 바로 '본능 의식 기억'을 담고 있습니다.
숨어있는 '잠재적 본능'으로 자신을 다스리고, 깨어있는 '의식'으로
세상을 알 아차리며, 저장된 '기억'을 활용하여 생각의 질을 높이고
있습니다. 그것이 바로 우리의 마음이 하는 역할입니다.

마음이 선한 사람은 상대의 장점을 먼저 찾아냅니다.
그리고 지혜로운 사람은 주어지는 인연을 스스로 조절할 줄 압니다.
그래서 그들은 그늘을 만들어 더위를 피하고 물길을 돌려 홍수를 피
하듯이, 지나친 재물과 욕망을 멀리하고 스스로의 마음을 조화롭게
다스리며 살아갑니다.

따라서 우리 모두도 이같이 자신의 마음을 잘 다스릴 수 있는 지혜로
운 영혼을 지닌 자가 되도록 다 함께 노력합시다!

지혜는 마음의 등불이다

勸學文 권학문

- 당나라시인 백거이 -

밭이 있어도 갈지 않으면 곳간이 비고
책이 있어도 가르치지 않으면 자식이 어리석게 된다

곳간이 비면 살림이 구차해져 생활하기 어렵고
자손이 어리석으면 예의에 어두워진다

밭 갈지도 않고 가르치지도 않는다면
그것은 곧 父兄의 잘못이다

옛 고려시대에 몹시도 식량이 부족하고 살기 어려웠던 시절이 있었다. 그 즈음 나라에서는 늙어서 일도 제대로 하지 못하면서 '식량만 낭비한다'는 이유로 70세가 되면 살아있는 노인을 땅속에 강제로 생매장을 하는 '고려장'이란 풍습이 있었다.

청자 빛 하늘이 그린 듯이 고운 어느 시골마을!
작은 제비 하나 지붕아래 오가고 은은한 성당의 종소리는 온 마을을 울린다. 이 마을 어느 한 가정에서도 아들을 둔 70세가 된 할아버지 한 분이 살고 있었다.

낙엽이 날리는 가을 어느 날!
그 노인에게도 서글픈 고려장의 날은 어김없이 다가오고 있었다. 효성이 지극한 아들은 도저히 잠이 오지를 않았다.

어떻게 살아있는 아버지를 '강제로 땅속에 생매장을 할 수가 있다'는 말인가? 아무리 생각해도 국법이 원망스럽고 좋은 혜안이 떠오르지 않았다. 아버지와 아들, 모두에게는 하루 하루가 몹시도 괴롭고 힘든 나날이었다.

오늘도 착하게 살아온 굶주린 영혼은 남몰래 회한의 눈물을 쏟는다. 살려달라! 살려달라! 애절한 기도소리가 하늘에 닿는데도 차가운 밤 이슬은 쉬지 않고 내린다.

드디어 구원의 소리가 멈추는 어느 날!

'마침내 노인은 스스로 죽음의 운명을 받아들인다. 그리고 '사랑하는 아들'을 택한다. 만약 '자신이 남몰래 살아야 한다'면 국법을 어겨야 하며 사랑하는 자식을 죄인으로 만들어야 하기 때문이다.

노인은 자신에게 주어진 '생명이란 존엄보다'는 '아들만은 꼭 지켜야 한다'는 자식에 대한 사랑이 훨씬 '더 크고 고귀하다'고 생각한 것이다. 마침내 노인은 자식에 대한 숭고한 사랑을 위하여 스스로 기도하며 애원한다.

"하느님! 부디 하찮은 이 늙은 생명을 기꺼이 거두어 주시고 사랑하는 나의 아들에게 한없는 사랑을 베풀어 주십시오! 저는 목숨을 바쳐 국법을 지키며 기꺼이 하늘의 뜻에 따르겠습니다."

이렇게 기도하며 애원하는 번뇌의 밤들은 가련한 노인을 달래며 위로도 해본다. 그러나 서글픈 고려장의 날은 피할 수가 없었다.

마침내 노인은 떨리는 목소리로 아들을 부른다.
"얘야, 드디어 내가 떠날 날이 된 것 같구나. 어서 지게를 가져오너라!"

이게 무슨 날벼락이란 말인가?
즐거워야 할 아버지의 생일날! 고려장이란 제도 때문에 살아있는 아버지를 산속에 강제로 생매장을 하여야만 하다니, 아무리 생각해도 황당하고 두려운 일이었다.

아버지는 애써 태연한 척, 떨리는 목소리로 다시 말한다.

"얘야! 이 모두는 나라에서 정한 법이니 선량한 백성은 반드시 그 법을 따라야 한다. 그리고 우리 아들은 비록 이 아버지가 없을지라도 나라에 충성하고 정든 고향을 잘 지키면서 언제나 건강한 몸으로 행복하게 살아다오!"

당당해 보이려는 아버지의 눈가에서는 애절한 석별의 눈물이 흐르고 있었다. 마지못한 아들은 눈물을 머금고 가엾은 아버지를 지게에 짊어지고, 깊은 산속으로 무거운 발걸음을 옮기기 시작한다.

"아들아, 너의 어머니 곁으로 데려가다오. 오늘 따라 너의 어머니가 보고 싶구나!" 아버지는 모든 것을 체념한 듯 등뒤에서 아들을 안아본다. 아버지의 싸늘한 체온이 아들의 애절한 마음을 더욱 서글프게 한다.

그런데 아들 등에 업힌 아버지는 산으로 오르는 동안 말없이 작은 나뭇가지들을 꺾어서 하나씩 길 위에 던져둔다.

"아버지, 그런데 아까부터 왜 자꾸 나뭇가지를 꺾어서 길 바닥에 던지세요? 무슨 까닭이라도 있나요?"

"그래 아들아, 조금 있으면 날이 저물 것 같구나?
여기는 깊은 산속이라 해가지면 금방 주위가 어두워질 것이다. 그때 네가 내려가는 길을 찾기 어려우면, 지금 이 아버지가 남겨둔 나뭇가지들을 따라서 내려가거라. 그러면 너는 보다 쉽게 집으로 내려가는 길을 찾을 수 있을 것이다."

아버지는 모두를 알고 있었다.

조금 있으면 '산속이 어두워진다'는 사실도, '사랑하는 자식이 길을 잃고 헤매고 다닐 수 있다'는 사실도, 당신 자식이 '살아있는 자기를 억지로라도 땅속에 묻어야만 한다'는 가슴 아픈 현실도.

그러나 아버지는 본인의 죽음보다 당신의 아들이 '어두운 산 속에서 헤매고 다닐 수 있다는 사실을 더 걱정하였다. 기구한 운명이다. 어떻게 이렇게 맑고 고운 영혼을 강제로 땅 속에 '생매장을 해야만 한다'는 말인가!

산 정상에 도착하니 해는 뉘엿뉘엿 서산을 넘고 새들은 숲을 찾는다. 아들은 아버지를 바라본다. 그러나 눈물이 앞을 가려 차마 아버지를 바라볼 수가 없다.

아버지, 불쌍한 우리 아버지!

국법을 따르자니 살아있는 아버지를 땅속에 묻어야 하고, 효를 따르자니 국법을 어기는 중한 죄인이 될 수 밖에 없다. 아들은 애절한 마음으로 아버지를 위하여 기도한다. 그리고 빌고 또 빌어본다!

'효는 인간다운 삶이다. 효는 도의 근본이며 예의 시작이다'

공자는 '사람됨의 핵심은 사랑하는 마음이며, 사랑하는 마음의 으뜸은 효심이다'라고 하였다. 또한 사상가 루쉰은 '불효하는 사람이 세상에서 가장 악하다'라고 하였다.

부모의 자리보다 거룩하고 위대한 자리는 없다.

살아있는 아버지를 '땅속에 묻어야 한다'면, 나의 존재는 무엇이며 삶의 의미는 무엇이란 말인가' 드디어 아들은 효를 택한다. 그리고 무슨 일이 있더라도 아버지를 지키고자 굳게 다짐한다.

"아버지, 춥고 힘드시더라도 여기 산속에 숨어 계시면 제가 아무도 몰래 매일 밥을 지어서 갖다 드리겠습니다"라고 약속한다. 그리고 아버지의 만류에도 불구하고 효성이 지극한 아들은 매일 밥을 지어서 정성껏 갖다 드리곤 하였다. 아버지가 숨어있는 깊은 산속에서도 꽃이 피고 새가 울었다.

그러던 어느 날이었다.
아버지 앞에 나타난 아들의 얼굴빛이 무척이나 어두워 보였다. 무언가 불안하고 당황스런 모습이었다.

아버지가 아들에게 묻는다.
"아들아, 오늘 따라 너의 얼굴색이 어두워 보이는구나? 무슨 걱정거리가 있느냐?" 한참을 망설이든 아들이 대답한다.

"예 아버지, 지금 저잣거리에서는 많은 사람들이 모여서 야단이랍니다. 대국의 황제가 우리나라에 어려운 문제를 하나 내려주었는데, 그 문제를 한달 이내에 풀지 못하면 우리나라를 스스로 통치할 수 없는 어리석은 나라로 인정하고, 자신들이 다스리는 '아우의 나라로 삼겠다'는 것입니다."

"그래서 임금님의 명으로 거리마다 방을 붙여두고
그 문제를 풀어내는 사람에게는 '높은 벼슬과 후한 상을 내려주신다'는 것입니다. 그런데 보름이 지난 지금도 '그 문제를 풀겠다'는 사람

이 한 사람도 나타나지 않아 임금님이 큰 걱정이 되어 '병들어 누워계
신다'는 소문도 있습니다."

"그래 참 딱하게 되었구나. 임금님과 나라가 걱정이다."
아버지는 크게 한숨을 짓는다.

"그런데 나 같은 늙은 촌부가 '무얼 알겠냐' 마는
그래도 무슨 문제인지 얘기나 한번 들어보자."

"예 아버지, 말씀 드리겠습니다.
이 문제는 공자도 몰라서 뽕따는 어느 시골 아낙네에게서 배웠다는
'공자춘추'라는 예기에서 유래된 문제입니다.

문제의 내용은 "큰 주먹만한 유리구슬이 하나 있는데
'그 속이 아홉굽이로 구부러진 아주 작은 구멍으로, 무척이나 꼬불꼬
불하고도 길게 뚫어져있다'고 합니다."

"그런데 그 곳에 실을 꿸 수 있는 방법을 두 가지 얘기하라는 것입니
다. 그 꼬불꼬불하고도 작은 긴 유리구멍에 어떻게 실을 꿸 수 있겠습
니까? 모두가 한가지도 모르는데 두 가지를 얘기하라니, 이제 우리나
라는 대국의 아우가 되는가 봅니다."

"그래 아들아, 너무 걱정하지 마라.
내가 보기에는 그 것은 아주 간단하다. 그것을 푸는 지혜는 이렇게 하
면 된단다."

"첫째 한가지는, 그 구멍에 들어갈 수 있는 작은 개미의 뒷다리에 실을 묶고, 반대편 구멍에서는 개미가 좋아하는 꿀을 조금씩 흘러내리면, 개미는 그 꿀을 찾으러 실을 당기며 반대편 구멍으로 나오게 되어 있다."

"생존을 지키기 위한 생리적 본능은 그 어느 곳에서나 적용될 수가 있다. 살아남고자 하는 생존의 본능은 창조와 지혜를 바탕으로 하고 꼭 이루고자 하는 생존의지는 신념과 용기를 키운다. 그것이 작은 개미한테서도 배울 수 있는 창조의 지혜가 된다."

"이 세상에서 구멍을 가장 잘 뚫는 재능을 지닌 생명체는 개미다.
개미의 삶은 구멍 속에서 이루어지며 또한 개미는 꿀을 좋아하는 성품을 지니고 있다. 개미의 본능과 성품, 그리고 그 재능을 이용하는 것이 이 문제를 푸는 지혜다."

"배움의 마음이 있으면 '자연 속의 개미도 우리의 스승이 될 수 있다'는 것을 깨우치게 하는 지혜로운 문제가 된다."

"그리고 나머지 한가지는, 나는 그 답을 모르지만 그 답을 알고 있는 사람을 안다. 그게 바로 답이다." "그럼 아버지, 그 사람이 누구인데요?"

"그 사람은 바로 '그 구슬의 구멍을 뚫은 그 대국사람'이다.
그 대국사람이 구멍을 뚫은 방법으로 실을 꿰면 된다. 창조는 가장 큰 지혜의 덕목이다. '만들 수 있는 지혜는 다스릴 수 있는 지혜가 있을 때 가능하다.' 대국의 황제는 지금 그것을 알고 있는지를 우리에게 묻고 있는 것이다."

그 대답을 듣고서는 아들은 기뻐서 어쩔 줄을 몰랐다.

시골에서 평생 농사만을 지으면서 살아오신 연로하신 아버지께서, 어떻게 이런 탁월한 지혜를 가질 수가 있을까? 기쁨과 놀라움을 감추지 못하면서도 '하루빨리 나라를 구해야 된다'는 일념으로 아버지께 하직인사를 드리고 걸어서 걸어서 도성으로 올라왔다.

한 달이 가까이 될 무렵

도성에 도착한 젊은이의 눈에는 처음 보는 개성 광경에 놀랐다.

사람도 많고 집도 크며 무슨 일이 그리도 많은지? 세상살이는 무척 바쁜 듯이 보였다.

다음날 아침!

궁궐에 들어선 젊은이는 문제의 답을 아뢰기 위하여 임금님 앞에 나타났다. 임금님 앞에서 무릎을 꿇은 젊은이는 고개를 숙이고 임금님의 말씀만을 기다리고 있다.

걱정이 이만 저만이 아니신 임금님께서는 마지막 해답을 기대하며 젊은이를 바라본다. 그러나 선비도 아닌 초라한 시골 젊은이의 모습을 바라보는 임금님은 크게 실망스런 모습이었다. 임금님의 곁에는 대국의 사신이 비웃듯이 거만스레 앉아있다.

드디어 임금님의 명이 떨어진다.

"그래 시골 젊은이, 그 문제의 답을 말해 보아라!"

젊은이는 떨리는 목소리로 자신의 아버지로부터 들은 얘기를 자세히 설명하기 시작한다.

"폐하, 말씀 드리겠습니다.

먼저 실을 꿸 수 있는 한가지 방법은, 구슬의 한쪽 편 구멍에서는 꿀을 조금씩 흘러내리면서, 그 반대편 구멍에서는 개미의 뒷다리에 실을 묶어 꿀을 찾아 구멍을 따라가게 하는 개미의 본능을 이용하는 것이 그 답입니다."

"그 구멍을 찾는 것도, 개미가 좋아하는 달콤한 꿀을 이용하는 것도, 모두 개미의 재능과 본능 그리고 성품을 이용하는 것입니다. 배움의 마음으로 보면 '세상에 스승 아닌 것이 없다'는 것을 깨우치게 하는 문제입니다."

젊은이의 얘기가 끝나자 마자
대국사신의 입에서는 경탄의 목소리가 터져 나왔다.
"그래 젊은이 말이 맞소. 올바른 해답이오! 그러면 나머지 한가지를 말해 보시오!"

젊은이는 다시 말을 이어간다.
"두 번째 문제는 그 답은 모르지만 그 답을 알고 있는 사람을 알고 있습니다. 그게 바로 답입니다."

"그래, 그렇다면 그 답을 알고 있는 사람이 누구인지? 그 사람을 말해 보시오!" 엄숙한 대국사신의 명이 떨어졌다. 임금님도 대신들도 모든 군중들도 숨죽여 젊은이의 대답을 기다리고 있다.

"예, 그 사람은 바로 그 구슬의 구멍을 뚫은 그 대국사람입니다.
구멍을 뚫는 '창조의 지혜는 다스릴 수 있는 지혜가 있을 때 가능하다'고 판단됩니다." "어찌 구슬에 구멍을 뚫은 사람이 그 구슬에 실을 꿸 수가 없겠습니까?"

"중국 사신의 말이다"

"그래 젊은이 말이 맞소. 올바른 해답이요.
내가 여기 이웃나라 고려에 올 때 까지만 해도, 사실은 한가지 답도 못 맞출 거라 생각하였소. 사실상 두 번째 문제는 답이 없는 억지문제였소. 그러나 젊은이는 '없는 답보다도 더 정확한 답'을 맞춘 것이라오. 과연 고려는 동방의 등불이며 지혜의 나라요."

"나는 오늘 많은 것을 깨우쳤소.
배움의 마음이 있으면 깊은 산골에도 밝은 지혜가 숨어있고, 헐벗고 굶주리는 사람한테도 배울 것이 있다는 것을 알았소. 많이 가졌다고, 높은 자리에 있다고, 좋은 옷을 입고 다닌다 하여 꼭 위대하고 고귀한 사람이 아니라는 것을 나는 오늘 여기 시골젊은이를 보고 크게 깨달았소."

"내 본국으로 돌아가면 황제께 자만을 벗어 던지고 겸손을 배웠고, 어리석음을 버리고 지혜를 얻었으며, 함께하는 마음이 사랑이라는 것을 알게 되었다고 꼭 아뢸 것이오. 정말 고려는 희망의 나라요. 온 백성이 나라를 사랑하고 지혜의 빛이 영혼을 깨우는 맑고 밝은 나라라는 것을 알았소."

"고려의 임금님께서도 나의 뜻을 받아주신다면
서로 우애를 나누는 '의로운 벗의 나라로 맺고 싶다'고 꼭 돌아가서 황제께 말씀 드리겠소. 내 오늘같이 기쁜 날! 저 젊은이를 위하여 대국에서 가져온 후한 상을 내릴 것이오."

임금님께서도 말씀하신다.

"젊은이, 고맙다. 정말 고맙다. 자네가 이 나라를 구하였구나!
짐의 덕이 부족하여 잠시나마 이 나라를 위태롭게 하였다. 정말 부끄럽고 미안하구나!"

"그래도 짐의 간절한 뜻을 받들어 '나라를 구해야겠다'는 일념으로, 멀고 먼 궁궐까지 찾아온 젊은이가 너무나도 대견하고 자랑스럽다. 이렇게 지혜롭고 충성스런 젊은이가 짐의 백성이라는 사실이 이렇게도 기쁠 수가 없구나!"

"나라를 구한 젊은이에게 내가 약속한대로 높은 벼슬과 후한 상을 내릴 것이다. 자! 먼저 이 상을 여기 젊은이에게 전하도록 하라!" 그때다. 젊은이의 모습은 너무나도 당황스럽고 불안해 보였다.

"폐하, 저는 이 모든 영광을 받아들일 수가 없습니다."

"아니다. 어서 받아라!"
이것은 당연히 이 문제를 푼 사람에게 내리기로 한 짐의 약속이다.

"아닙니다.
저는 이 상을 받을 자격이 없습니다. 저를 크게 벌하여 주십시오."

"젊은이, 자격이 없다니 그게 무슨 말인가?

도무지 이해를 할 수가 없구나?"

"폐하, 사실은 이 문제를 푸신 분이 따로 있습니다."

"그래 , 그렇다면 그 사람이 누구인지 말해 보아라!"

"대답하라 하시지만 말씀 드릴 수가 없습니다.
 '백성이 아니기에 살아있다'고 할 수도 없고, '고귀한 생명이 있기에
죽었다'고 말씀드릴 수도 없습니다."

"젊은이, 그러한 얘기가 도무지 무슨 뜻인지 이해를 할 수가 없구나?
어서 그 사람을 말해보아라!"

"폐하 저를 죽여주십시오. 저는 국법을 어기고 지금 이 자리에 섰습
니다. 저에게는 훌륭한 벼슬도 후한 상도 그 무엇도 바라지 않습니다.
오직 제 한 목숨을 바쳐서라도 위태로운 이 나라를 구하고 싶은 간절
한 마음뿐이었습니다."

"이제 나라를 구한 저에게는 아무런 바램도 없습니다.
국법을 어긴 저에게 큰 벌을 내려주십시오!"

"젊은이, 그러한 얘기가 도무지 무슨 뜻인지 이해를 할 수가 없구나?
어서 그 사람을 말해보아라!"

"폐하, 사실 이 문제의 해답을 알려주신 분은 바로 '저의 아버지'입니다.
이제 70세가 되어 국법에서 정한 '고려장'을 하여야 하는데, 저의 아
버지가 너무나도 애처롭고 가련하여서, 남몰래 산속 깊은 곳에 모셔

두고 봉양하다가, 이번 '구슬문제' 때문에 나라가 너무나도 위태롭고 폐하의 걱정이 크신 것 같아서, 산속에 숨겨둔 아버지께 말씀 드렸더니 이 문제의 답을 알려주셨습니다."

"그래 그런 일이 있었구나.
'그 노인의 밝은 지혜가 이 어려운 문제를 푸셨다'는 말이지?
그리고 위태로운 이 나라를 구하기도 하고."

"정말 짐이 어리석었다.
고귀한 백성의 생명보다 먹을 것을 더 걱정하고, 특히나 힘없고 연약한 늙은 노인을 천하게 업신여긴 짐의 잘못이 너무나도 크고 죄스럽구나!"

"짐이 어떻게 그 시골노인에게 용서를 빌 수 있단 말인가?
산골노인의 영혼 속에도 '나라를 구할 수 있는 밝은 지혜가 숨어있다'는 사실을 이제서야 깨달았다. 정말 어리석고 통탄 서럽다."

"모든 대신들은 들어라! 엄숙한 짐의 명령이다.
짐이 약속한대로 나라의 위태로움을 슬기롭게 해결하신 그 노인과, 지극한 정성으로 효를 다한 여기 젊은이에게 후한 상을 내려라! 그리고 빨리 말을 달려 이 기쁜 소식을 그 노인에게 전하도록 하라!"

말은 달리고 또 달렸다. 낮과 밤을 달렸다. 어제는 산을 넘고 오늘은 강도 건넜다. 며칠이 지난 후, '아버님이 있다'는 산 속으로 모두는 올라가기 시작한다. 아름다운 꽃들이 모두 숲 속에 숨어 있는데, 나비와 새들은 어떻게 미리 알고 이리도 많이 날아왔을까!

산은 안개를 불러 모우고 솔 향기는 온 산을 헤매고 다닌다.
아들은 기뻤다. 벼슬과 재물은 그리 중요하지 않았다. 그 보다는 '죄를 면하신 아버지와 함께 오래 오래 행복하게 살아갈 수 있게 된다'는 사실이 너무나도 기쁘고 감사하였다.

설렘과 기쁨을 안고 산 정상에 올랐을 때
해는 뉘엿뉘엿 서산을 넘고 있었다. '저기 석양빛이 아버지의 마른 손을 가리킨다.' 봄이 되면 맨손으로 씨앗을 뿌리고, 여름이 되면 해가 저물도록 잡초를 뽑아내던 거칠고도 고마운 그 손이었다.

아버지의 손은 파르르 떨리는 하얀 쪽지를 아직도 꼭 잡고 있다.
아버지는 마지막 영혼의 흔적을 이렇게 하얀 종이 위에 남겨두고, 이미 천국에 계신 어머니 곁으로 돌아가신 것이다. '동에서 뜬 해는 방금 서산을 넘었다'

"사랑하는 나의 아들아!"

고맙고 미안하다. 네가 궁궐로 떠난지 열흘은 더 살았구나.
그 열흘은 사랑하는 내 아들이 이 아버지에게 베풀어준 새롭고도 고마운 세상이었다. 아들을 생각하며 살아온 내 생애에서 가장 행복한 날들 이었지.

숲 속에서 풀벌레 소리 들리면 생생한 너의 목소리가 생각났고
작은 새가 내 곁에서 노닐면 착한 너의 모습이 보고 싶었다. '위태로운 나라를 구해야겠다'며 서둘러 궁궐로 떠나던 듬직한 너의 모습이 아직도 내 마음을 기쁘게 하는구나!

아들아! 너는 고향을 지켜온 소박한 농부의 후손이다.
인간의 참된 삶에는 많은 재물도, 높은 벼슬도, 모두 자신에게 어울리지 않으면 사치스런 장식품이 된다.

아들아! 하늘은 높이 있기에 거룩하고 무지개는 잡을 수 없기에
더욱 아름답다. 그리고 노을은 곧 사라지기에 보다 신비롭다. 탐욕스런 생각으로 너의 마음을 괴롭히지 마라! '욕심없는 밝은 모습이 달빛에 더 환하게 빛난다'는 사실을 너는 알아야 한다.

그리고 네가 '이 아버지를 몰래 숨겨둔 사실을 다른 사람들이 알게 된다'면 너는 큰 벌을 받게 될 것이다. 그러므로 절대로 이 사실을 그 어느 누구에게도 얘기하여서는 아니 된다.

고귀한 '한 인간의 생명과 존엄은 그 무엇보다 숭고하나
자식의 안녕을 지키고자 하는 이 아비의 간절한 마음은, 그 생명의 존엄보다 더 거룩하다'는 사실을 나는 오늘 비로소 알았다.

하늘이 차가워 진다. 산속이 어두워지니 차가운 별빛이 내리는구나.
이제 저 별빛 따라 고운 너의 어머니 곁으로 가야 할 시간이 된 것 같다. 부디 잘 살아다오! 사랑하는 나의 아들아!

"아버님에게"

아버님! 이게 무슨 날벼락입니까? 하늘이 무너지는 심정입니다.
'제가 잘 사는 것을 그렇게도 보고 싶다' 하시더니. 따뜻한 해가 방금 서산을 넘었는데 왜 이리 차가운 곳에 누워 계십니까? 아버님이 없는

세상, 이제 저는 어떻게 살아야 합니까?

한평생 고생으로 침묵하시며 힘든 일은 웃음으로 넘기시더니
아버님의 밝은 지혜로 이 나라의 위기를 구하셨는데, 이 많은 보석은
어떻게 하시고 임금님께서 내려주신 이 영광은 또 어찌해야 합니까?
밤새 울어대는 저 부엉이는 또 어떻게 달래야 합니까?

아버님, 우리 다시 만나면 그때는 고려장이 없는 평화로운 세상에서
잘 살아요. 양지 바른 곳에 아버님 집을 지어 드릴게요. 언제나 아버
님을 사랑합니다!

"며칠 후 임금님의 사과문이 저잣거리에 붙었다"

부끄럽고 참담하구나! 정말로 짐이 어리석었다.
노인이 이렇게도 고맙고 지혜로운 줄을 몰랐다. 나도 노인이 되는 줄
을 몰랐고 효심이 이렇게도 숭고한 줄을 미처 몰랐다. 선비와 정승,
그 어느 누구도 해결하지 못한 어려움을 시골노인의 밝은 지혜가 이
나라를 구하였다.

멀리서 검은 구름이 안고 오는 저 비 소리가 하늘의 안타까운 애환인
지를 알지 못하였고, 숱하게 많은 아름다운 꽃들이 온 강산에 피어 있
었는데도, 나는 지금껏 그 반짝이는 아름다움을 보지 못했다.

그러나 나는 오늘 비로소 그 빛을 보았고 그 아름다움을 보았다.
모든 아름다운 꽃의 이름은 '사랑하는 나의 백성'이라는 사실을!
노인은 백성의 뿌리요 우리의 하늘이다.

나는 오늘부터 한동안 나라의 안위를 혼란스럽게 한 나의 잘못을
사죄하고, 가련한 한 노인의 영혼을 달래고자 앞으로 100일간 그 노
인의 영정 앞에서 예를 올릴 것이다. 그리고 지금까지의 잘못된 '고려
장' 제도를 없앨 것을 천하에 선포한다.

지혜의 공부는 계속된다.

지혜는 삶의 빛이다.
인생의 여정을 밝히는 삶의 등불이다. 빛이 있어야 사물의 색깔이 드
러나듯이 지혜가 있어야 숭고한 자신의 가치를 드러낼 수가 있다.

지혜는 삶의 에너지다.
생각의 힘을 길러주는 삶의 도구다. 사물과 일체의 현상을 사실대로
바라보게 하는 힘이 된다. 그 지혜의 힘이 살아가는 과정에서 신념을
키워주고 자신감을 갖게 한다.

그러나 우리가 알고 있는 지식은 지혜와 다르다.
지식은 말하는 것을 좋아하고 지혜는 생각하는 것을 좋아한다. 지식
은 두뇌의 작용으로 알게 되고 지혜는 마음의 작용으로 깨닫는다.

다시 말하면 지식은 명석한 두뇌로써 보고 듣고 배운 것을 노력하여
얻을 수가 있다. 그러나 지혜는 일생을 통하여 쌓아온 '지식 체험 식
견 등'을 바탕으로 하는 마음속의 사고력과 통찰력으로써 스스로 깨
닫는 것이다.

그래서 지식과 지혜의 에너지는 서로 조화를 이루어야 한다.

세상에는 빛이 필요하고 어둠이 필요하다. 삶에는 지식이 필요하고 지혜가 필요하다. 마음속에는 기억이 필요하고 망각이 필요하다. 망각해야 할 것을 망각하는 것은 지혜다. 그러나 기억해야 할 것을 망각하고 망각해야 할 것을 기억하는 것은 어리석음이다.

그러나 상당수 사람들은 작은 지식을 쌓기만 하면 '스스로 많은 것을 안다'고 착각하며, 자신감을 갖고 무언가를 말하고 싶어하고 자랑하고 싶어하며 이루고 싶어한다. 그것이 바로 지식이 안겨주는 함정이다.

여기 지식인들의 삶을 한번 살펴보자!

공부를 잘하는 학생들은 대부분 좋은 직장에 취직을 한다.
열심히 공부하는 습관, 풍부한 지식, 난관을 해결하는 능력이 대체로 우수하다. 또한 능력이 우수한 사람들이 함께 집단을 이룸으로써 대화의 질과 삶의 품격이 함께 높아진다.

그것이 언젠가는 스스로의 자존감을 높아지게 하면서 치열한 지식의 경쟁을 불러온다. 그때 지식은 더 잘 살고자는 욕망의 노예가 되어 더 큰 불만과 원망을 쌓이게 한다. 그들은 지식에 갇혀 지식을 과시하고 명예에 갇혀 명예를 더럽힌다. 그때부터 고결해야 할 인품이 앞서는 지위를 따라주지 못한다.

나는 모든 것을 알고 있는데 '아무도 나의 뜻을 따라주지 않는다'고 원망한다. 스스로 편협 된 식견에 사로잡혀 새로운 정보의 문을 열어두지 않는다. 자신이 가진 '상식 외에는 이 세상에 지혜가 없다'고 착각한다.

그러나 그때 진정한 현자는 숭고한 명예의 빛을 가슴속 깊이 숨긴다. 그들은 자신을 낮추는데도 스스로 높아지고 앞서지 않는데도 스스로 앞서진다. 그렇게 의식의 수준이 높아지고 맑은 사고를 하게 되면서 그때 비로소 참된 지식인은 고결한 지성인이 된다.

생각해 보라!
제 아무리 똑똑하고 영리한 사람이라도 "빛 한줄기, 공기 한줌, 물 한 방울, 나뭇잎 하나" 만들지 못한다. 그것이 부족하고 연약한 인간능력의 한계다. 세상을 밝혀주는 빛을 만들고 마실 수 있는 물을 만들며 숨쉴 수 있는 공기를 만드는 지혜는 오직 위대한 대자연뿐이다.

그러나 상당수 지식인들은
작은 지식을 쌓기만 하면 색깔을 입히고 고집을 피우며 서로 따지기를 좋아한다. 맹목적인 지식으로 말이 많고 이기적인 분별 심으로 독선적이 되어가고 있다. 복잡하게 생각하는 것을 지성이라 생각하고 스스로 고민을 말하며 고민하기를 좋아한다.

알고 보면, 예수는 지식이 아닌 사랑으로 성령을 말씀하였고
부처는 지식이 아닌 깨우침으로 인과 법을 설파하셨다. 그들은 이 세상에 없는 것을 만들어내고 이 세상에서 '모르는 것을 깨우쳐야 한다' 는 것을 운명적으로 알고 있었다. 그래서 그들은 지식이 아닌 지혜의 성품으로 자신의 생각을 말했다.

물론 참된 지식은 지혜를 갈고 닦기 위하여 반드시 필요하다.
그러나 '갇힌 물만 보고 흐르는 물은 없다'고 하듯이 맹목적으로 익히는 지식은 잘못 사용되면 오히려 삶의 덫이 된다.

옛말에 '사람은 영리해 지기는 쉬워도 어리석어지기는 어렵다'는 말이 있다. 그것은 영악한 사람들은 상대에게 상처를 주기가 쉽지만, 어리석은 사람들은 자신을 낮추기 때문에 그 만큼 '겸손하기가 어렵다'는 말이다.

그래서 진정 지혜로운 자는 일부러 '어리석은 척, 모르는 척, 못난 척' 하면서 겸손한 지성의 마음으로 살아가고 있다. 그러므로 '자신이 안다' 는 것에 대해 너무 자만하지 말고 쉽게 나서지 말아야 한다.

아는 것이 적으면 모르는 것도 적게 되어있다.
아는 것이 많으면 모르는 것도 많게 되어있다. 진정 고결하고 참된 것은 내가 나를 깨우치게 하는 '지혜의 성품 속'에 모두 들어있다.

7. 고통의 장

고통은 어떻게 감내하고 다스려야 하나?

포기하는 것이 가장 큰 실패다

고통은 어떻게 감내하고 다스려야 하나?

흔들리며 피는 꽃

\- 시인 도종환 -

흔들리지 않고 피는 꽃이 어디 있으랴!
이 세상 그 어떤 아름다운 꽃들도
다 흔들리며 피었나니
흔들리면서 줄기를 곧게 세웠나니
흔들리지 않고 가는 사랑이 어디 있으랴!

젖지 않고 피는 꽃이 어디 있으랴!
이 세상 그 어떤 빛나는 꽃들도
다 젖으며 젖으며 피었나니
바람과 비에 젖으며
꽃잎 따뜻하게 피웠나니
젖지 않고 가는 삶이 어디 있으랴!

솔 향기 그윽하니 초록비가 내리는구나!

여기 버림받은 잡초 위에도 생명의 단비는 내린다. 고통을 두려워하지 마라! 폭포도 바위절벽을 만나야 그 모습이 아름답고 석양도 구름을 만나야 노을이 붉게 빛난다.

이렇듯 우리 앞에 마주치는 고통도 언제나 좋은 만남이 되도록 하여야 한다. 병이 물을 만나면 물병이 되고, 꽃을 만나면 꽃병이 되듯이, 고통의 의미도 자신이 '어떻게 받아 들이느냐'에 달려있다.

물론 주어진 고통 앞에서 아무런 깨달음도 얻지 못한다면
그때는 물이 땅 속으로 소리 없이 사라지듯이, 시련이 안겨주는 고통의 가치는 아무런 의미 없이 사라지게 된다.

이처럼 피할 수 없는 괴로움이 우리의 인생살이다. 아무리 '예뻐져라, 늙지 말라, 병들지 말라' 간절히 기도하고 소망하여도, 언젠가 우리의 몸은 쇠약해지고 영혼은 고통의 아픔을 겪게 마련이다.

혹자는 이러한 '고통의 감정을 느끼지 않을수록 좋다'고 생각한다.
아니다. 고통의 의미를 제대로 느낄 수 있어야 아픈 몸을 미리 챙길 수 있고 힘든 삶을 대처할 수가 있다. 그리고 삶의 지혜가 생길 수 있고 우리의 영혼이 강해질 수 있다.

행복의 순간이 아름답고 소중하게 느껴지는 것은 그것을 돋보이게 하

는 인생의 힘든 순간들이 있기 때문이다.

생각해 보라!
만약 우리가 살아가면서 '아무런 고통도 느끼지 못한다'면 어떻게 되겠는가? 그때는 우리 앞에 닥쳐오는 위험을 미리 알아차릴 수가 없어 그것을 그대로 방치하게 될 수밖에 없다.

그렇게 되면 위험을 모르는 몸은 마음의 뜻을 잘 따르지 않고 마음은 몸의 소중함을 모르게 된다. 또한 아무런 고통 없이 일이 쉽게 잘 풀리게 되면 마음은 교만과 방종이 끊이지 않아 그 뜻을 경솔한데 둘 수 밖에 없다.

그러므로 살아가면서 너무 곤란 없기를 바라서는 아니 된다.
모든 사람이 내 뜻에 순종하고 세상 모두가 내 마음대로 되기를 기대해서는 아니 된다. 언제나 나를 힘들게 하는 고통이 '나를 가르치는 스승'이라 여기면서 그 곳에서 강인함을 키우고 지혜를 얻어야 한다.

그래서 하늘은 고통이란 문제로 인간을 시험하고 있다.
바로 우리의 '지혜 용기 인내'를 시험한다. 그때 지혜로운 사람은 기쁨과 행복을 안겨주는 의미 있는 고통을 받아들이고, 용기 있는 사람은 꿈과 자신감을 심어주는 강인한 고통을 받아들인다. 그래서 고통은 탁월한 사람을 찾아내는 하늘의 지혜가 된다.

옛 어느 맑은 가을 날!
넓은 저잣거리에서 모든 백성을 대상으로 하는 백일장이 크게 열렸다. 제목은 '고통을 가장 적게 느끼는 사람'을 찾는 문제였다.

그 답은 각양각색이었다.

'많이 웃는 사람이 고통을 적게 느낀다. 몸이 튼튼한 사람이 고통을 적게 느낀다. 미련한 사람이 고통을 적게 느낀다. 잠을 잘 자는 사람이 고통을 적게 느낀다. 고통의 의미를 아는 사람이 고통을 적게 느낀다.'

그러나 정답은 그 어디에도 없었다.

그때 마무리 시간을 알리려는 순간! 저쪽 옆문으로 다리를 절름거리며 밝은 모습으로 들어오고 있는, 어느 아주머니 한 분이 손을 들고 정답을 외친다. '꿈과 희망이 있는 사람이 고통을 가장 적게 느낀다!'

아주머니는 다시 말한다.

"희망의 빛이 있으면 고통은 고통이 아니다.

저 건너, 사랑하는 자식이 나를 기다리고 있는데 어찌 지나가는 가시밭길이 두렵겠는가! 사람은 희망의 빛이 보이지 않을 때 가장 불안하고 고통스럽다."

이처럼 고통은 '피하고 참는다'고 해결되는 것이 아니다.

꿈과 희망을 가지고 그 자체가 전해주는 의미를 기꺼이 받아들일 때 해결 될 수 있다. 그러므로 꿈과 희망이 있는 고통은 받아들이고, 아무리 노력해도 해결할 수 없는 고통은 붙들고 씨름하지 말아야 한다.

사실상 우리에게 주어지는 고통 그 자체는 그렇게 큰 문제가 아니다. 다만 그것에 적개심을 품고 괴로워하는 것이 문제다. 고통이 전해주는 진정한 의미를 모르고 그것을 나쁘게 받아들이는 부정적인 마음이 문제다.

그러므로 고통의 의미를 알고 고통 앞에서 침착하는 사람이 되어야 한다. 우리가 원하는 '인생의 봄'은 모두 저절로 이루어지는 것이 아니다. 반드시 고통이란 모진 추위를 지나서야 맞이 할 수 있다.

포기하는 것이 가장 큰 실패다

여행

- 터키시인 히크메트 -

가장 훌륭한 시는 아직 씌어지지 않았다
가장 아름다운 노래는 불러지지 않았다

최고의 날들은 아직 살지 않은 날들
가장 넓은 바다는 아직 항해되지 않았고
가장 먼 여행은 아직 끝나지 않았다

불멸의 춤은 아직 추어지지 않았으며
가장 빛나는 별은 아직 발견되지 않은 별
무엇을 해야 할지 더 이상 알 수 없을 때

그때 비로소 진정한 누구인가를 알 수 있다
어느 길로 가야 할지 더 이상 알 수 없을 때
그때가 비로소 여행의 시작이다

자신이 저지른 실수 때문에 너무 괴로워하지 마라!
누구나 모진 세상풍파를 만나고 뼈아픈 실패를 경험할 수 있다.
다만 시련의 갈림길 위에서 자신이 '무엇을 선택하느냐'에 따라 그 사람의 운명이 결정된다.

그때 용기를 선택하면 세상 많은 것은 나의 편이 되고,
포기를 선택하면 내 앞에 남는 것은 아무것도 없어지게 된다. 진정 잃어도 얻는 것을 모를 때 실패는 모든 것을 잃게 된다. 그러므로 우리모두는 항상 잃는 것에서도 얻는 것이 많은 '꿈과 용기'를 선택해야한다.

인류의 위대한 업적들은 처음에는 대부분 불가능한 일이라고 생각되었다. '시저의 전기는 병사들이 잠자고 있는 한밤중에 쓰여졌고, 헨겔 음악은 의사로부터 죽음선고 후에 완성되었으며, 베토벤의 섬세한 작품은 귀가 먹고 난 후에 열정적으로 만들어졌다. 또한 존 번연의천로역정'은 감옥에서 저술되었으며, 단테의 '신곡'은 20년간 도망을다니면서 쓰여졌다.'

이러한 업적들은 모두 포기를 모르는 그들의 '신념과 용기'로서 이루어 진 것이다. 자신감은 영혼이 들려주는 조용한 내면의 힘이자 정신적 능력이다. '이룰 수 있다'는 자신감 없이 이룰 수 있는 것은 이 세상에 아무것도 없다. 그러므로 진정 '소망하고 원한다'면 먼저 자신감을 가져야 한다.

모두가 알고 있는 천재 과학자 에디슨은
백열등을 만드는데 무려 '일천 번 이상이나 실패를 하였다'고 한다.

어느 날 친구가 그에게 찾아와서,
'이렇게 많이 실패했는데 이제 그만 포기하라'고 말했다. 그러나 에디슨은 '나는 지금껏 실패한 것이 아니라, 아직까지 그 진실을 발견하지 못했을 뿐이다'라고 말하였다. 결국 그는 1,201번째 성공하였다.

이러한 그의 열정은 확신이 심어주는 자신감이 있었기 때문에 가능하였다. 그는 이런 신비스런 원리를 발견할 때마다 '기쁨의 소리 한번 지르지 않았다'고 한다. 겸손하게도 그는 '이미 신이 창조해 놓은 자연의 이치이자 규칙을 발견했을 뿐이다'라고 하였다.

물론 그 과정에서 한번은 에디슨의 실험실이 모두 불타버린 적이 있었다. 잿더미가 된 실험실을 바라보며 모두는 절망에 빠져있었다. 그러나 에디슨은 담담하게 말했다.

"애석하게도 이번 화재로 우리의 소중한 실험성과가 모두 불타버렸다. 하지만 이것이 꼭 나쁜 일만은 아니다. 왜냐면 포기를 모르는 우리의 의지는 불타지 않은 채 그대로 남아있기 때문이다."라고 말했다. 이처럼 그는 포기를 말하지 않았고 자신감이 넘쳐나는 꿈과 용기를 언제나 말했다.

그의 포기하지 않은 불굴의 정신은 전등 전화 발전기 등 무려 3,000여종이 넘는 엄청난 업적을 세상에 남겼다. 그는 일생 동안 5만번 이상의 실험과 실패를 경험하였다. 그러나 그는 결코 포기하지 않았다. 왜냐면 '실패가 모아지면 언젠가 성공이 가까이서 다가온다'는 사실을 그는 너무나도 잘 알고 있었기 때문이다.

이렇듯 진정 의미 있는 성공은 대부분 시련을 안겨주는 실패를 통하여 다가온다. 그래서 때로는 성공에서 얻는 기쁨보다 실패에서 얻는 교훈이 더 값질 수가 있다. 그때 위대한 성공은 포기하지 않았던 것들에 대한 고마운 보상이 되어서 언제나 용기 있는 자들의 몫으로 돌아온다.

그러나 불행하게도 자신의 뜻을 이루지 못하는 상당수 사람들은 실패의 원인을 자기자신에게서 찾지 않고 주위에서 찾으려고 한다. 그들은 오히려 어려운 환경을 탓하며 '행운은 자신을 비껴간다'고 한다. 때로는 주위의 모든 사람들이 '자신의 앞길에 방해가 된다'고 생각한다.

알고 보면 성공에 대한 준비가 부족한 것도, 자신과의 약속을 어긴 것도, 최선을 다하지 않고 중도에서 포기한 사람도, 바로 '자기 자신'이라는 사실을 알아야 한다. 성공이 자신을 버린 것이 아니라 자기가 성공을 포기한 것이다.

8. 사랑의 장

가치 있는 삶은 사랑에 있다

어머니의 사랑!

제발 용서하라!

가치있는 삶은 사랑에서 찾아야 한다

그 깊은 떨림

- 레바논작가 갈릴 지브란 -

그 깊은 낮! 그 벅찬 깨달음!
그토록 익숙하고 그토록 가까운 느낌
그대를 처음 본 순간 시작되었습니다.

지금껏 그날의 떨림은 생생합니다.
단지 천 배나 더 깊고
천 배나 더 애틋해 졌을 뿐

나는 그대를 영원까지 사랑하겠습니다
이 육신을 타고나 그대를 만나기 훨씬 전부터
나는 그대를 사랑하고 있었나 봅니다
그대를 처음 본 순간 그것을 알아버렸습니다

운명?
우리 둘은 이처럼 하나이며
그 무엇도 우리를 갈라 놓을 수는 없습니다

어느 작은 읍내마을에
여유롭고 다복한 가정을 이루며 살아가고 있는 할아버지 한 분이 살
고 있었다. 붉은 노을이 단풍을 시샘하는 어느 날 오후! 사랑스런 손
녀가 할아버지를 찾아 뵙는다.

"할아버지!
할아버지께서는 왜 저희 멋쟁이 할머니를 곁에 두시고, 너무나도 못
배우고 초라해 보이는 다른 이웃 할머니를 사귀고 계세요? 아무리 생
각해도 저의 어린 생각으로는 이해가 되지 않습니다?"

어린 손녀의 생각으로는, 할아버지께서 '불미스런 외도를 하신다'는
걱정보다는 자기의 할머니와 견주어 볼 때, 그 모습이 너무나도 초라
하고 불쌍해 보이는 '다른 이웃 할머니를 사귄다'는 사실 자체가 몹시
도 의아스럽고 궁금하게 생각되었다.

자신의 할머니는
뛰어난 명문대학을 졸업하였고 몸매는 단아하며 능란한 말솜씨에 누
가 보아도 지혜롭고 잘 생긴 멋쟁이 할머니였다. 또한 읍내에서도 알
아주는 양반집안에서 태어나, 넉넉한 재력과 함께 온화한 인품도 두
루 갖추고 있었다.

그러나 손녀가 얘기하는 다른 이웃할머니는
배움이 모자라서 자기의 이름조차 제대로 쓰지 못하였으며, 또한 가

정형편이 어려워 남의 식당에서 일을 하면서, 겨우 집안의 살림살이를 꾸려가고 있는 매우 힘들고 가난한 삶을 살아가고 있었다.

"그래 손녀야, 할아버지가 그렇게도 이상하게 보이느냐?"

"예 할아버지,
아무리 저의 어린 눈으로 보아도 지혜롭고 잘 생긴 저희 할머니를 곁에 두시고, 평생 시골생활만을 하면서 어렵게 살아가고 있는 다른 낯선 할머니에게 모든 정을 바치시는 것 같아서, 아무리 생각해도 속이 상하고 도무지 이해가 되지 않습니다. 이 손녀는 그 이유가 궁금합니다?"

"그래, 어린 너에게 그런 모습을 보인 이 할아버지가 쑥스럽고
미안하구나. 그러나 너도 세월이 흘러 인생이 크게 성숙하게 되면, 네가 궁금해하고 있는 지금의 생각들이 차츰 이해가 될 것이다."

"손녀야, 사람이 살아가면서 느끼는 기쁨과 보람은 꼭 재물이나 명예와 같은 부귀영화로 얻을 수 있는 것이 아니다. 물론 '잘 생기고 배움이 많다'고 하여 꼭 그 사람을 예뻐하고 좋아하는 것도 아니란다."

"손녀야, 이 할아버지의 얘기를 한번 들어보렴.
"할아버지는 여유로운 시간이 생기면 주위에 살고 있는 친구분들과 함께 가끔씩 외식을 즐기기 위하여 그 할머니가 일을 하고 있는 식당에 들리곤 하였다.

우리는 그때마다 맛있는 음식을 정성껏 준비하여 대접하는 그 할머니가 무척이나 고맙고 감사하였다. 그렇게 오고 가는 세월이 지나면서,

나는 그 할머니가 한없이 소박하고 따뜻한 마음을 지닌 분이라는 것을 우연한 기회에 알게 되었다.

낙엽이 날리는 지난 가을 어느 날!
할아버지는 혼자서 외롭고 쓸쓸한 가을 길을 걷고 있었다. 그런데 그때 멀리서 바람결에 실어 내 곁으로 달려오는 노란 은행잎들을 발견하였지.

나는 그 순간! 자신들의 마지막 사랑을 간절히 지키고 싶어하는
그 은행잎들의 애절한 소망을 꼭 들어주고 싶었다. 그래서 나는 한 장, 한 장, 정성껏 주워 모은 노란 은행잎들을 너의 할머니께도 드리고 그 식당 할머니께도 전해 드렸다.

그런데 할아버지는 너의 할머니의 반응에 크게 실망을 하였다.
너의 할머니께서는 이 할아버지의 정성이 무색하게도, '왜 이런 쓸데없는 것을 주워와서 집안을 어지럽히려 하느냐' 면서 내가 건네 준 노란 은행잎들을 모두 바람이 불어오는 마당에 던져버리는 것이었다.

그 광경을 보고 크게 무안함을 느낀 나는
사랑도 받지 못하고 마당 위에서 뒹구는 애처로운 은행잎들에게 미안하고 또 미안하였다. 왜냐면 그 곳에서는 정성어린 내 사랑이 함께 팽개쳐 울면서 몸부림치고 있었기 때문이다.

나는 그 순간!
내가 건네준 노란 은행잎들을 받아 들고, 그렇게도 기뻐하고 행복해하시던 그 할머니가 생각났다. 그리고 나도 모르게 그 할머니가 일을

하고 있는 식당으로 발걸음을 옮기게 되었다.

나는 그때, 누구나 '글을 몰라도 감사할 수 있고, 돈이 없어도 따뜻한 마음은 간직할 수 있으며, 힘든 고난 속에서도 삶의 기쁨은 누릴 수가 있다'는 사실을 나는 그 할머니를 보고 알 수 있었다.

그 이후 글도 잘 모르는 그 할머니의 낡은 책갈피 속에는 언제나 노란 은행잎이 고이 간직되고 있었으며, 그의 가슴속에는 '고귀한 생명에 대한 따뜻한 사랑이 함께 자리잡고 있다'는 사실을 알 수 있었다.

은행잎의 애절한 사랑!
그 사랑을 꼭 지켜주고 싶어하는 그 할머니의 따뜻한 마음을 발견하였을 때, 나는 나도 모르게 착한 그 할머니가 보고 싶어졌고 그리운 마음이 생기기도 하였다.

이처럼 자신도 모르게 누군가에게 달려가는 그리운 마음!
그게 바로 사랑이라면 사랑인가보다. 이것이 우리 손녀가 궁금해 하고 알고 싶어하는 모두가 된다.

그제서야 어린 손녀는 말없이 고개를 끄떡인다.
그리고 일어나 대문 밖에서 뒹굴고 있는 노란 은행잎들을 줍기 시작한다. 그리고는 말없이 어디론가 달아난다.

바람이 분다. 은행잎이 흩날린다.
노란 손녀는 그들 속으로 있는 힘을 다하여 달려간다. 노란 은행잎은 가을을 담고 있었다. 사랑을 담고 있었다. 이렇게 바람 부는 날이면 애절한 인생을 노래하고 있었다.

"은행잎은 계속하여 사랑얘기를 들려준다.

"사랑은 '자신을 버리고 하나되는 것'이다.
이 세상에 '하나뿐인 사람을 찾는 것' 그것이 바로 '사랑'이다.

처음 본 순간 그토록 익숙하고 가까운 느낌! 그것이 바로 사랑의 시작이
다. 사랑에는 맑은 사모가 있다. 밝은 미소가 있다. 달콤한 느낌이 있다.
그래서 사랑은 신이 내린 가장 순수하고도 신비스런 선물이 된다.

가슴속에 사랑의 향기가 녹아 내리는 순간!
순수한 영혼은 새로이 태어난다. 새 하늘이 열리고 새 세상이 펼쳐진
다. 미움이 줄어들고 원망이 줄어들며 힘든 일이 즐거워 진다. 그리고
나도 착해지고 만물도 착해 보인다.

이러한 사랑은 가르칠 수도 없고 연습할 수도 없다.
그렇다고 노력으로 얻을 수 있는 것도 아니다. 그냥 자신도 몰래 소리
없이 녹아 내리는 솜사탕 같은 것이다. '노력 없이도 전해오는 야릇한
느낌' 그것이 바로 사랑의 기쁨이다.

그럼 이러한 사랑은 어떻게 이루어지나?
먼저 좋아하는 상대로부터 서로 다른 성적 매력과 순수성을 느껴야
한다. 그리고 자신의 마음을 반하게 하는 사모하는 연정이 끓어 올라
야 한다.

그때 불타는 가슴은 상대가 지닌 우아한 미를 '나만의 것으로 아름답게 꾸미고 이상화' 시키면서, 좋아하는 그 사람을 나만의 사람으로 만들어 간다. 그래서 내가 좋아하는 그 남자는 이 세상에서 가장 멋진 사내가 되고, 내가 사랑하는 그녀는 가장 아름다운 여인이 된다.

그러나 이러한 사랑도 세월이 흘러 가슴속의 연정이 식어가게 되면 아름다운 눈동자는 그 빛을 잃게 되고 달콤하던 입술은 그 맛이 평범해 진다. 당신과는 한마음이라 그렇게 다짐하고 약속했는데도, 마주 보고 있으면서도 서로 다른 생각을 한다.

그러므로 우리는 상대의 마음을 녹일 수 있는 따뜻한 사랑을 언제나 가슴속에 품고 있어야 한다. '생각만 해도 기쁜 사람, 보기만 해도 좋은 사람, 함께 있으면 한없이 포근한 그런 사람'은 언제나 그들의 가슴속에 따뜻한 사랑을 품고 있다.

이런 아름다운 사랑을 꽃피우기 위하여는
먼저 '관심, 배려, 향기, 책임'이라는 5가지의 애정조건을 갖추어야 한다.

첫째 모든 사랑은 '관심'에서 시작된다.
생각나고, 보고 싶고, 만나고 싶어하는 마음은 관심에서 생긴다. 관심이 있어야 상대를 깊이 있게 바라볼 수 있고, 반갑게 만날 수 있으며, 따뜻한 마음을 전할 수가 있다. 사랑하는 그 사람이 예쁘고 귀여운 것은 따뜻한 관심을 가지고 상대를 깊이 있게 바라보기 때문이다.

둘째 사랑에는 '따뜻한 배려'가 있어야 한다.

배려는 상대를 아끼고 돌보는 마음이다. 상대에게 전하는 훈훈한 마음이다. 내가 가진 모든 것을 주면서도 더 줄게 없어서 아쉬워하는 자비의 마음이다.

셋째 사랑에는 '향기로운 표현'이 있어야 한다.
향기로운 표현 없이는 사랑은 없다. 사랑의 표현은 '달콤한 속삭임, 부드러운 눈빛, 따스한 체온, 마음의 향기'를 서로 주고 받는 것이다. 사랑을 하면서도 외로운 이유는 그들의 가슴속에 향기가 없기 때문이다.

끝으로 모든 사랑은 '책임'으로 마무리되어야 한다.
사랑은 함께 가꾸는 마음의 결정체다. 우리는 서로의 사랑을 위하여 최선을 다해야 한다. 그리고 그 사랑으로 생긴 고통과 어려움을 책임져야 한다. 그래서 가장 숭고한 삶의 끝에는 언제나 사랑과 책임이 있다.

우리의 사랑은 신비롭다.

알 수 없기에 함부로 설명할 수도 없다. 어디에서 생기는지? 왜 그리 좋은지? 왜 그리 달콤한지? 도무지 알 수가 없다. 그래서 사랑은 언제나 신비로운 첫 사랑이 된다.

이러한 사랑의 신비는 절제로서 지켜야 한다.
절제된 사랑은 내일의 큰 기쁨을 위하여 오늘의 작은 즐거움을 참는 것이다. 언어를 절제하고, 사랑 받고 싶은 욕정을 절제하며, 사랑하고 싶은 기쁨과 환희를 절제해야 한다. 그래야 상처가 작고 쉽게 지치지도 않으며 오래간다.

고대 그리스 철학자 '소크라테스'는
어느 기녀에게 남자를 유혹하는 방법에 대해 이렇게 얘기한다.

"먼저 당신의 신비를 고이 지키면서 상대의 마음을 안달나게 만들어
야 한다. 그러기 위하여는 그들이 간절히 원할 때까지 호의를 베풀지
말고 기다려야, 당신이 마침내 호의를 베풀었을 때 당신의 신비를 높
게 평가할 것이오!"

"그리고 상대 남자가 원하기도 전에 맛있는 고기를 내 놓으면
상대는 그다지 맛있게 먹지 않을 것이고, 고기를 실컷 먹은 사람은 질
릴 것이요. 그러나 배고픈 사람에게는 아주 초라한 음식도 진수성찬
처럼 맛있을 것이오!"

이렇듯 맑은 영혼에서 온몸이 요동치며 무아의 경지에 빠져들게 하는
것은 오직 사랑의 신비가 전해주는 '달콤한 황홀감'뿐이다. 그래서 신
비로운 사랑 없이는 '느낌의 절정도, 환희의 기쁨도, 환상적인 황홀
경'도 만날 수가 없다.

끝으로 '사랑은 언제나 자유로워야 한다.'
잡으려 하면 사라지고 놓아주려 하면 다가서는 것이 사랑이다. 몸을
주니까 마음을 달라하고 마음을 주니까 몸까지 움직이지 못하게 한
다. 그래서 빼앗긴 마음은 원망스럽고 움직이지 못하는 몸은 너무 괴
롭다.

그러므로 소유하고 지배하는 감정의 사랑이 되어서는 아니된다. 순수
하고 조건없는 영혼의 사랑이 되어야 한다.

여기 사랑하는 여인이 있다. 그 여인은 너무나도 아름답고 착하다. 우리는 서로 사랑했다. 나는 그 여인이 다른 남자를 깊이 있게 바라보는 것도 싫어한다. 나만을 바라보며 나에게만 미소를 짓게 하고 싶다.

그러나 진정 '그이를 사랑한다'면
사랑하는 그이에게 희망찬 날개를 달아 주어야 한다. 그리고 그이가 좋아하고 행복해하는 푸른 창공을 자유로이 날수 있게 하여야 한다. 그것이 사랑의 기쁨이요 환희요 배려다.

누구나 아름다운 산을 바라보고 있으면 기분이 좋아진다.
그때 산이 기분이 좋은 것이 아니다. 내가 기분이 좋은 것이다. 내가 기분이 좋은 것은 산이 나를 좋아하기 때문이 아니다. 내가 산을 좋아하기 때문이다.

이렇듯 좋아하고 사랑하는 것은 모두 나한테서 비롯된다.
그러므로 '진정 누군가를 아끼고 사랑한다'면 애정에 허기진 못난 사람처럼, 구걸하며 매달리는 그런 초라한 모습을 상대에게 보여서는 아니 된다.

자신의 마음이 너그럽고 온화한 모습을 보이면 누군가의 사랑은 스스로 다가오게 되어있다. 그때 비로소 '나보다 더 나를 좋아하는 그 사람'과 아름다운 사랑을 나눌 수가 있다.

어머니의 사랑

어머니들 싸움

- 미국시인 밀러 -

인간의 가장 위대하고 용감한 싸움은
어머니들이 싸운 싸움이다.

약한 생명을 강하게 하기 위해서
어린 자녀를 슬기롭게 하기 위해서
낙심한 자식에게 용기와 힘을 주기 위해서
게으른 아들 딸을 부지런하게 만들기 위해서

악과 어둠 속에 허덕이는 생명을
선과 광명의 길로 이끌기 위해서

눈이 오면 눈 맞을 세라! 비가 오면 비 젖을 세라!
하는 일이 잘 안되면, 네 마음 아파할 세라! 언제나 혼자서 애태우는
애절한 마음! 그것이 어머니의 절대적 사랑이다. 이처럼 어머니의 마음은 언제나 사랑과 희생 속에 있다.

"엄마, 오늘은 날씨가 너무 좋아요!
어디 멋진 곳으로 가서 시내구경이나 해요?"

"그래 네가 힘들겠다. 어디 가까운 곳으로 가자."

어머니는 여든이 된 시골 할머니다. 모처럼 20여년 만에 아들을 찾아온 어머니는 황홀한 서울광경에 감회가 깊다.

그래도 20여년전 그때는!
나름대로 젊어서 맛있는 것도 사먹고 여기저기 구경도 다니고 싶어했었는데, 지금은 북적대는 서울하늘 아래서 그냥 휠체어에 탄 채 하염없이 높은 빌딩만을 바라보고 있다.

"엄마, 여기는 서울에서 가장 높은 건물! 저기 뒤쪽은 호수!
서울이 정말 멋있고 아름답지요?"

"그래 좋구나, 너무 좋구나!
그런데 저렇게 높은 건물을 비행기가 지었나? 누가 지었나?

사람은 높아서 올라가지도 못하겠는데?"

"글쎄요, 다음에 저기 꼭대기에 올라가면 한번 물어볼게요?
그런데 엄마, 오늘은 힘드시면 저기 1층만 구경해요?"

"아니다. 다음에 구경하자."
"왜 그러세요? 엄마."

"얘야, 저 곳은 너무 멋있고 좋은 집이잖아?
다음에 좋은 옷 입고, 머리도 좀 빗고, 예쁘게 준비해서 와야지.
잘 생긴 서울사람들이 보면 시골할머니 흉보겠다."

"엄마, 엄마보다 더 잘 생긴 사람이 어디 있어요?
엄마는 얼굴도 예쁘고 마음도 곱고요. 엄마가 최고예요!"

"아니다. 그래도 사람이 예의가 있어야지. 어떻게 이런 모습으로."

"엄마, 그럼 제가 다음에 예쁜 옷 사드릴 테니까.
그때 멋지게 단장해서 꼭 다시 와요."

"그래 알았다. 약속하마!"
"그럼 오늘은 여기 호숫가에 앉아서 재미나는 얘기나 하며 놀아요."
"그래 그게 좋겠구나."

"그런데 엄마,
우리아버지께서는 평소 노래하며 즐기는 것을 무척이나 좋아하셨죠?"

"그래, 그래서 넓은 들판에서 농사일을 할 때도
온 마을 사람들이 노래소리를 들을 수 있도록, 일부러 라디오를 크게
틀어놓고 일을 하셨다. 그래서 우리시골마을에서는 제일 인기있는 영
감이었지."

"지금 살아계셨으면 얼마나 좋아했을까?
이렇게 높은 빌딩도 구경하고, 아름다운 호숫가에 앉아서 재미나는
얘기도 나누고."

"엄마, 저기 노래 소리 한번 들어봐요.
여기 놀러 온 사람들을 위하여 가수들이 노래를 하고 있어요."

"그래 여기까지 가수들이 왔나?
그런데 돈은 얼마나 내어야 하는데?"

"돈은 필요 없어요. 그냥 공짜로 듣기만 하면 돼요."

"그래, 공짜라고!
그래서 모두 '서울이 좋다'고 이리로 모이는가 보구나."

"그래도 우리시골마을에서는 너의 아버지 노래소리가 제일 인기가 있
었는데. 저렇게 여럿이 모여서 노래해도 '너의 아버지 노래'보다는 조
금 별로인 것 같다."

"엄마, 그렇게도 아버지가 멋있고 좋았어요?"

"아니다. 오늘따라 너희 아버지가 조금 보고 싶을 뿐이다.
그런데 꼭 지금 나를 만나러 여기에 올 것만 같구나?"

"엄마, 한번 기대해 보세요. 오늘 밤 꿈 속에서 꼭 아버지를 만날 거예요."

"그래, 그러면 고맙지.
그런데 내가 너무 쓸데없는 말을 많이 한 것 같다. 그만 저 사람들의
노래소리나 한번 들어보자!"

"얘야, 그런데 저게 무슨 노래고?"
"모든 사람들이 좋아하는 '사랑'이란 노래예요."

"그래, 서로 껴안고 좋아하는 '사랑' 말이지?"
"예, 그래요."

　　　"사랑은 언제나 오래 참고 사랑은 언제나 온유하며
　　　사랑은 시기하지 않으며 자랑도 교만도 아니하며

　　　사랑은 무례히 행 치 않고 자기의 유익을 구치 않고
　　　사랑은 성내지 아니하며 진리와 함께 기뻐하네

　　　사랑은 모든 것 감싸주고 바라고 믿고 참아내며
　　　사랑은 영원토록 변함없네

　　　믿음과 소망과 사랑은 이 세상 끝까지 영원하며
　　　믿음과 소망과 사랑 중에 그 중에 제일은 사랑이라"

"그래, 노래가사가 참 좋구나!"
"그래요 엄마, 사랑보다 더 아름답고 위대한 것이 어디 있겠어요?
우리 모두는 사랑 속에서 숭고한 기쁨을 얻고 거룩한 희생을 배우며
황홀한 신비를 체험하잖아요. 그래서 사랑은 신이 내려주신 가장 고
귀한 선물이 되고요.

"그런데 엄마, 오늘따라 왠지 엄마 노래소리가 듣고 싶어요.
어릴 적 들어본 이후로는 전혀 기억이 안나요. 한번 들려주세요?"

"그래 좋다. 어디 한번 해보자. 그런데 '못한다'고 흉은 보지 말아라?"
"예 알았어요. 엄마는 잘 할거예요."

나도 여자랍니다
〈정옥/정종택〉

천년만년 길 것처럼 곱디곱던 내 모습이
세월 앞에 장사 없고 어느새 이리 되었나

며느리로 아내로 또 엄마로
이름마저 잊고 살았네

당당했던 자존심도 사랑의 가슴 떨리는
나도 여자랍니다

허전한 내 마음에 그리움이 사무친
사랑에 목마른 여자

"와, 멋져요. 엄마가 최고예요!
음정도 박자도 모두 정확해요. 만점이예요.
꼭 생생한 여인의 일생을 노래하는 것 같이 분위기도 좋고요."

"그래 가끔씩 삶이 힘들고 서글퍼질 때는 한번씩 마음속으로 이 노래를 부르곤 하였다. 속으로 부르는 노래가 잘하면 얼마나 잘하겠니? 그래도 마음을 달래기에는 역시 노래가 최고이더라."

"엄마, 그런데 엄마는 지금까지 저희 자식들을 키워오면서 언제가 가장 행복하였나요? "예전부터 그게 한번 묻고 싶었어요?

"그래, 살아오면서 좋은 날도 많았고 힘든 날도 많았지.
그래도 단 한가지를 얘기하라면, 그것은 단연코 '형제는 하나'라는 것을 보여준 의로운 그 순간이었다."

"너희 형이 크게 사업에 실패를 하였을 때
그 많은 빚을 급히 마련하기 위하여 너희 두 동생이 함께 너희 아버지를 설득시켜, 조상 대대로 물려 온 문전옥답을 모두 팔아서 너희 형을 도운 그 때가 이 어미는 가장 행복한 순간이었다."

"너희가 나의 아들이 아니었으면!
너희들의 마음이 한없이 너그럽고 따뜻하지 않았다면, 그건 절대로 불가능한 일이었다. 그 어느 누구도 할 수 없는 어려운 일을 너희 형제는 하나된 마음으로 해낸 것이다."

"고맙게도, 너희는 그 순간!

그 많은 돈을 선택하지 않았고 같은 피가 흐르는 너의 형을 선택하였으며, 애타는 이 엄마의 마음을 위로하며 구했다. 역시 '향기로운 꽃은 자신의 뿌리에서만 피울 수 있다'는 사실을 나는 그때 몸소 느꼈다."

"그 이후로 나는 늘 너희들에게 미안하고 죄스러운 마음으로 살아오고 있다. 왜냐면 모든 자식의 잘못은 언제나 '부모의 허물이 된다'는 사실을 나는 너무나도 잘 알고 있기 때문이다. 모두가 나의 잘못이다. 이 어미를 용서해라!"

"엄마, 형의 사업실패가 왜 엄마의 허물이에요?
그건 엄마의 잘못이 아니에요. 그리고 형의 큰 잘못도 아니고요."

"사람은 누구나 살아가면서 가끔씩은 잘못이 있어야 자신을 뒤돌아볼 수 있는 지혜가 생기고 강해질 수 있잖아요. 이 세상에 완벽한 사람은 그 어디에도 없어요. 물론 모진 고통없이 크게 성공한 사람도 없고요."

"그래서 지금의 형은 더 지혜롭고 강한 사업가로 변신하여
예전보다 더 열심히 일하고 있잖아요. 하늘나라에 계시는 아빠도, 훌훌 털고 일어나 당당하게 살아가고 있는 지금의 형의 모습을 보고 무척이나 기뻐하실 거예요."

"이렇게 우리 형제들은 서로 우애롭게 잘 지내고 있으니
엄마는 아무 걱정하지 마시고 엄마건강이나 잘 챙기세요."

"그래 아들아! 고맙다. 정말 고맙다.

얘야, 알고보면 형제의 우애보다 크고 깊은 사랑은 그 어디에도 없다. 자기형제의 잘못을 용서하지 못하고서는 이 세상의 그 어떤 위대한 기쁨도 만날 수 없다. 같은 피를 나눈 형제의 아픔을 모르고서 어찌 의로운 세상의 주인이 될 수 있겠니?"

"먼 훗날 하늘나라에서 너의 아버지를 다시 만나면
그때는 너희 형제들끼리 '이 세상에서 어떻게 살다'가 왔는지를 너희 아버지 앞에서 자신 있게 말할 수 있어야 한다."

"예 엄마, 너무 걱정하지 마세요. 형한테 잘 할게요."

"그래, 못나도 형은 형이다.
서로 멀리 떨어져 있어도 한번씩 전화도 하고 안부도 묻고 해라!"

"안 그래도 가끔씩 전화도하고 그래요.
엄마, 너무 형 걱정하지 마세요. 요사이 '형 사업이 잘되어 간다'고 했어요."

"그래, 그래서 이번에는 전화가 한참 없더라?
무소식이 희소식이라고 하더니, 그래, 고맙다. 모두 고맙다."

"얘야, 그런데 서울 사람들은 참 좋겠다.
이렇게 공짜로 흥겨운 노래 소리도 듣고 저렇게 함께 모여서 맛 있는 것도 사먹고, 우리 시골에서는 깊은 산골이라 무엇하나 먹고 싶어도 사 먹을 수가 없단다."

"엄마, 배고파요?" "아니다. 나는 괜찮다. 네가 배가 고플 것 같구나?"

"엄마, 나는 괜찮아요. 그런데 나는 아버지한테 보고 배운 것이 하나 있어요." "그래, 그게 뭔데?"

"나는 가까운 곳에 놀러 다닐 때는 아버지를 닮아서 일부러 돈을 안 가지고 다녀요. 꼭 무슨 약속이 있을 때만 준비를 하고요. 그래서 오늘도?"

"그래, 그래야 야무진 사람이 된다. 그래야 부자가 된다.
돈은 가지고 있으면 누구나 쓰게 되어있다."

"엄마 미안해요. 그래도 오늘은 꼭 돈을 가지고 왔어야 했었는데?"

"얘야, 아니다.
오늘은 차비도 안 들고, 저렇게 멋진 빌딩과 아름다운 호수도 구경하고, 돈 안주고 즐거운 노래 소리도 듣고, 그리고 사랑하는 우리 아들과 함께 재미나는 얘기도 나누고."

"여든이 된 내가 다시 시골에 내려가면, 언제 또 다시 이런 행복한 시간을 보낼 수 있겠니? 오늘은 안 먹어도 배가 부르다."

"내 언젠가 저 세상으로 먼저 가서 너의 아버지를 다시 만나면 오늘의 이 기쁨을 꼭 얘기할게. '그때가 좋았다'고 '그때가 행복했다'고, 그리고 '우리 아들삼형제는 서로 우애롭게 잘 지내고 있다'고"

"엄마, 미안해요. 오늘은 정말 미안해요!"

제발 용서하라!

그때 왜?

- 작가 김남기 -

저 사람은 거짓말을 너무 좋아해
'저 사람과는 결별해야겠어'하고 결심했을 때
그때 왜 나의 수많은 거짓말 했던 모습들이
떠오르지 않았지?

저 사람은 남을 너무 미워해
'저 사람과는 헤어져야겠어'하고 결심했을 때
그때 왜 내가 수 많은 사람을 미워했던 모습들이
떠 오르지 않았지?

저 사람은 너무 교만해 그러니까
'저 사람과는 그만 만나야지'하고 결심했을 때
그때 왜 나의 교만했던 모습들이 떠오르지 않았지?

'이 사람은 이래서' '저 사람은 저래서'하며
모두 내 마음에서 떠나 보냈는데
이젠 이곳에 홀로 남았네

달도 뜨지 않은 밤, 부엉이 울음 소리 온 산을 울리는데!
어느 집은 방문 닫고 밤 세워 신음한다.

그대를 미워하지 마라! 그대를 원망하지 마라!
너그러운 마음으로 그 사람을 용서하라! '살면서 얼마나 많이 용서했는가에 따라 하느님은 우리를 용서할 것이다.' 〈성경에서〉

용서는 관용의 마음이다.
마음속 깊은 곳에서 우러나오는 자비의 마음이다. '달콤함, 따스함, 친절함, 부드러움'이 함께 만들어 내는 사랑하는 마음이다. 바다가 강물을 받아들이지만 그 맑은 빛을 잃지 않고 하늘이 천하를 품고 있지만 미움과 원망을 담아두지 않는 크고도 넓은 마음이다.

본래 인간은 자신의 단점은 잘 잊어버리지만 다른 사람들의 단점은 쉽게 잊지 못하는 야속한 습성을 지니고 있다. 그것은 원시시절부터 이어져 온 인간의 생존본능으로부터 전해오는 이기적 경계심리 때문이다.

다른 생명체가 가진 약점과 단점을 잘 알아야 자신의 먹이를 구할 수 있고 자신의 생명을 지킬 수가 있기 때문이다. 이처럼 상대의 단점과 약점을 파헤치려는 이기적 본능이 상대의 잘못을 용서하기 어렵게 만들고 있다.

생각해 보라!
어찌 미움과 증오로 묶어진 매듭을 자신의 가슴속에 남겨두고 한없이 넓은 세상을 자유로이 항해할 수 있겠나?

깊은 원한을 가슴속에 품고 과거의 분노에 젖어 있으면 자신만 더 깊은 수렁에 빠져든다. 그래서 '다른 사람을 진정으로 용서한다'는 것은 먼저 '자기 자신을 위한 용서가 된다'는 사실을 우리는 알아야 한다.

이 세상에 구름 없는 하늘이 어디 있으며 잡초 없는 들판이 어디 있으랴! 누구에게나 좋은 점도 있고 잘못도 있을 수 있다. 부족한 점도 있고 후회하는 마음도 있을 수 있다. 닫혀진 방안에서도 먼지가 쌓이듯이 우리의 청정한 마음속에서도 악의 의식은 언제나 생겨날 수 있다.

그러므로 상대를 탓하는 마음으로 나를 탓하고 나를 용서하는 마음으로 상대를 용서해야 한다. 오히려 상대의 잘못을 용서하지 못하고 있는 나 자신의 옹졸함을 먼저 꾸짖을 수 있는 관대한 사람이 되어야 한다.

알고 보면 자비로운 용서는 모두 '착한 마음'이 하는 일이다. 내 마음이 자비로워야 악의 늪에서 신음하는 상대에게 가련한 연민을 느낄 수 있다. 내 마음이 착해야 상대를 널리 이해하고 싶어하는 긍정적인 의식을 가질 수가 있다. 용서하라! 용서하는 당신은 착한 사람이다.

그래도 용서하기 어려운 일은 흘러가는 세월에 맡겨두라!

그러면 세월이 안겨주는 무심한 마음이 당신을 착한 사람으로 변하게 할 것이다. 그렇게 선한 삶 속에서 '미움이란 마음만 조금씩 사라지게 된다'면 용서는 생각보다 쉽게 이루어질 수 있다.

먼 훗날, 황혼 녘에서 나의 잘못을 바라보고 있는 나 자신을 생각해 보라! 그때 미움과 원망도 모두 한때의 부질없는 오기라는 것을 깨닫게 될 것이다.

내가 사랑하는 사람 중에서도 비난 받는 사람이 있을 수 있다.
내가 좋아하는 사람 중에서도 용서받을 사람이 있을 수 있다.
용서하라! 가장 큰 사랑은 바로 '용서'하는 일이다.

9. 향기의 장

품격있는 사람은 향기롭다

향기로운 사람은 느끼는 힘이 우수하다

향기로운 대화는?

고독은 탁월한 사람들에게 찾아 드는 운명이다

품격 있는 사람은 향기롭다

도의 사람

- 송나라 장자 -

도 안에서 걸림 없이 행동하는 사람은
그 자신의 이해에 얽매이지 않으며
그런 개인적인 이해에 얽매여 있는 사람을
경멸하지도 않는다.

그는 재물을 모우고자 애쓰지 않으며
그렇다고 청빈의 덕을 내 세우지도 않는다.
그는 남의 의존함 없이 자신의 길을 걸어가며
또한 혼자 걸어감을 자랑하지도 않는다.

대중을 따르지도 않으면서도
대중을 따르는 자들을 비난하지 않는다.
어떤 지위와 보상도 그의 마음을 끌지 못하며
불명예와 부끄러움도 그의 길을 가로막지 못한다.

그는 매사에 옳고 그름을 분별하지 않으며
긍정과 부정에 좌우되지 않는다.
그런 사람을 도의 사람이라 한다.

어느 시골사랑방에서 전해오는 '우정과 효'에 대한 이야기다.

아주 멀고 먼 옛날, 어떤 나라에서 큰 난리가 난 때가 있었다.
난리가 끝난 후, 임금님은 난리 중에 지은 죄를 벌하기 위하여 사람들
이 많이 모여있는 넓은 광장에서 전범들을 불러놓고 한 사람씩 그들
의 죄를 묻기 시작한다.

한 동안의 시간이 흐른 후 단아하고 영특해 보이는 한 젊은이가 무릎
을 꿇고 임금님 앞에 나타난다.

"그래 젊은이는 무슨 죄를 지었느냐?"

"예 전하,
저는 국법을 어긴 중한 죄를 지었습니다. 큰 벌을 내려주십시오."

"그래 그 잘못이 무엇인지 한번 말해보아라!"

"예 전하, 저는 어린 나이에 부모님을 모두 여의고,
오래 전부터 팔순이 넘으신 할머니를 모시며 함께 살아오고 있습니다.
"이번 전쟁이 일어나자, 할머니는 빨리 난리가 끝나기를 바라면서 사
랑하는 당신 손자가 꼭 살아서 고향의 품 안으로 무사히 돌아오기를
하느님께 지성으로 빌고 또 빌고 계십니다."

"그런데 나는 이러한 난리 중에 싸움터를 지켜야 하는 국법을 어기고 '연로하신 할머니의 건강이 염려가 되어서' 할머니가 계시는 고향마을에 몰래 한번 다녀온 죄가 있습니다. 전하, 저에게 큰 벌을 내려주십시오!"

"그래, 착하게 보이는 젊은이가 잠시나마 전투지를 이탈한 큰 죄를 지었구나? 그러나 국법은 모든 사람들에게 엄정하고 공평하게 집행되어야 하는 것, 어쩔 수가 없다. 그래 젊은이가 처형을 받기 전에 '마지막으로 남기고 싶은 말'이 있으면 한번 말해보아라!"

한동안의 시간이 흘렀다.
젊은이의 맑은 눈에서는 하염없는 눈물이 쏟아진다.

"전하, 국법을 어긴 죄인이 무슨 변명이 필요하겠습니까?
그러나 전하, 꼭 한가지 청이 있습니다."

"그래 그 청이라는 것이 무엇인지 한번 말해 보아라!"

"전하, 저의 팔순이 넘으신 연로하신 할머니께서는
'이제 전쟁에 이겼다'고 기뻐하시며 이 어린 손자가 자신의 품 안으로 무사히 돌아오기를 손꼽아 기다리고 계십니다."

"저 하나의 목숨이야 마땅히 죄인의 몸으로 국법에 따라
지금 이 자리에서 처형을 당하여도 조금도 두렵지 않습니다.
하지만 이 손자를 애타게 기다리는 할머니의 간절한 심정은 어떻게 달래야 하겠습니까?"

"모두가 '전쟁에서 이겼다'고 기뻐하시는데
할머니께 들려오는 저 승리의 기쁨은 또 어찌해야 좋습니까?
전하, 저희 할머니께 이 기쁨과 승리의 소식을 전하고 처벌을 받을 수 있도록, 단 몇 일이라도 고향에 다녀 올 수 있는 기회를 허락하여 주십시오. 불충한 이 어린 죄인이 이렇게 전하께 간청을 올립니다."

"그래, 할머니에 대한 젊은이의 지극한 효심은 나도 잘 알겠다.
하지만 사사로이 그런 청을 들어주다 보면 국법을 엄히 집행하기가 어렵다. 그리고 내가 젊은이의 간절한 사정을 들어주고 싶지만, '다시 돌아온다'는 젊은이의 약속을 어찌 믿을 수가 있겠는가?"

대다수의 군중들은 '도망가기 위한 속임수다.'
'고향에 가면 다시는 돌아오지 않는다'며 여기 저기서 웅성거리기 시작하였다.

"국법에 따라 젊은이의 죄는 3일후에
이 자리에서 사형을 집행하기로 한다"라고 말하는 순간!

군중 가운데서 한 젊은 청년이 뛰쳐나와 임금님 앞에 무릎을 꿇는다. 밝은 모습에 당당해 보이는 젊은이였다. 젊은이의 얼굴은 지는 해를 마주하며 거룩하고 성스러워 보였다. 그의 눈은 반짝였고 그의 말은 너무나도 애절하고 당당하였다.

"전하, 저는 여기 죄인의 친구입니다.
저는 누구보다 이 친구의 신념과 믿음을 잘 알고 있습니다.
저의 친구는 거짓이 없는 의로운 친구입니다. 전하, 이 친구의 청을 꼭 받아주십시오! 여기 친구의 약속은 제가 책임지겠습니다."

"그래, 이 친구를 그렇게도 믿느냐?"

"예 전하, 저는 이 친구를 믿습니다.
물가에 오래 살면 마음이 저절로 맑아지듯이, 저의 가슴속에는 언제나 여기 친구와 함께한 맑은 사랑과 따뜻한 우정이 담겨 있습니다."

"그래 좋다. 만약 '너의 친구가 돌아오지 않는다'면
너의 목숨을 대신 바칠 수 있겠느냐?"

"예 전하, 믿음없는 벗이 어찌 진정한 친구라 할 수 있겠습니까?
이 벗은 의롭고 어진 친구입니다. 그의 삶은 의로움을 온몸으로 실천하며 살아왔고, 지극한 효는 자신의 목숨보다 거룩하게 생각하는 친구입니다. 저의 친구의 청을 받아주시고 대신 저를 가두어 주십시오."

"그래 좋다. 너희 두 젊은이의 우정을 믿어보자.
3일간의 기간을 주마."

이리하여 죄인이 된 손자는 말을 달려 할머니가 살고 있는 그리운 고향으로 달려가기 시작한다. 멀리서 흰 뭉개 구름이 먼저 고향하늘로 달려간다. 할머니를 만나고 싶은 그리움과 기쁜 마음은 산을 넘고 강을 건넌다.

할머니께서는 얼마나 좋아하실까! 할머니, 우리 할머니!
전쟁에서의 승리의 기쁨과 건강한 손자의 모습을 하루 빨리 할머니께 보여 드리고 싶다.

멀리서 저녁노을이 물들고 그렇게도 오고 싶어하던 고향마을에도 산 그림자가 드리우고 있다. 무너진 토담너머로 연로하신 할머니의 모습이 보인다. 그토록 보고 싶어하던 우리 할머니. '할머니!' 라고 소리 높여 외치고 싶지만 목이 메어 말이 입에서 나오지를 않는다.

말 울음소리에 할머니가 고개를 돌린다.
그때다. 자신도 모르게 터져 나오는 감격의 목소리! '할머니, 손자 왔어요!' 한없는 그리움이 뜨거운 눈물이 되어 어린 손자의 가슴을 적신다.

"할머니!"

"그래 내 손자야! 돌아왔구나. 정말 고맙다."
연약한 할머니의 손은 파르르 떨리고 있었다. 그리고 목소리도 떨렸다. "전쟁에서 우리가 이긴 것은 하늘이 돕고, 네가 무사히 돌아 온 것은 모두 조상님들의 혼이 너를 보살핀 덕이란다."

"예, 할머니 잘 알고 있어요.
이 모든 승리의 기쁨은 할머니의 간절한 기도소리가 하늘에 닿은 덕이라 생각합니다."

밤이 깊어가자 고향의 하늘에도 하얀 별이 쏟아진다.
나는 어릴 적 고향의 별을 좋아하였다. 저 별은 나의 별! 저 별은 너의 별! 그때는 이렇게 밤마다 별을 노래하며 가장 빛나는 별을 찾기도 하였다.

어린 시절의 별을 찾아 헤매는 순간,
불현듯 젊은이는 '날이 밝으면 사랑하는 할머니 곁을 떠나야 한다'는
운명의 순간이 생각났다. 만남의 기쁨도 잠깐, 어떻게 할머니를 안심
시켜 드리고 떠날 수가 있을까? 가슴이 떨리고 마음이 혼란스러웠다.

"애 손자야, 무슨 걱정거리가 있느냐?"

"아니에요, 할머니.
그런데 할머니, 제가 할머니를 모시고 오래 오래 행복하게 살아야 하
는데, 그만 먼 도회지에서 새로운 일자리가 생겨서 내일아침 일찍 집
을 떠나야 할 것 같습니다." 손자는 이렇게 일부러 할머니에게 위로의
거짓 변명을 한다.

할머니는 떨리는 손으로 새벽 일찍 떠날 손자를 위하여 주먹밥을 만
든다. 다시 '손자와 헤어져야 한다'는 안타까운 마음이 여린 할머니의
가슴을 서글프게 한다. 날이 밝아오자 손자는 할머니께 마지막 하직
인사를 올린다.

"할머니 건강하세요! 그리고 오래 오래 행복하게 사세요!"

지금 이 순간이 할머니와의 마지막 순간이라 생각하니 가슴이 찢어지
는 듯 하다. 어떻게 연로하신 할머니를 홀로 두고 손자 된 어린 몸으
로 먼저 '서글픈 죽음을 맞이할 수가 있다'는 말인가. 아무리 생각해
도 서럽고 죄스러운 마음이 온 가슴을 아프게 한다.

"그래 손자야, 비록 멀리 떠나있어도 언제나 건강하고 행복하게 잘 살

아다오! 이 늙은 할머니의 마지막 부탁이 될 것 같구나? 손자야, 행복이란 그 어디에도 없다. 다만 자신의 따뜻한 가슴속에 숨겨져 있는 것을 스스로 찾아내는 것이다."

"꽃은 져도 아름다운 꽃의 모습은 언제나 가슴속에 남아 있듯이 손자가 멀리 떠나있어도 이 할머니의 마음은 언제나 사랑하는 우리손자와 함께 할 것이다. 날이 새면 마루에 앉아서 손자를 기다리고, 밤이 되면 숱한 별들 속에서 손자가 살고 있는 아름다운 별 하나를 찾아낼 것이다. 사랑하는 손자야! 너는 나의 전부다.

사람들이 모여있는 광장에서는
아직까지도 오지 않고 있는 젊은이에 대한 원성이 쏟아지기 시작한다. '그러면 그렇지, 자기가 죽어야 하는데 누가 돌아오겠어' 열길 물속은 알아도 한길 사람 속은 모른다.

드디어 안타까운 처형시간이 다가왔다.
잠깐의 시간이 지난 후, 마침내 대신 잡혀 있던 죄인의 친구가 당당한 모습으로 '처형대'에 오른다.

임금님이 묻는다.
"그래 자네 친구가 돌아오지 않는가 보구나? 약속한대로 친구대신 자네가 처형을 받게 되었다. 매우 안타까운 일이다. 자네가 '목숨보다 귀한 것이 친구의 우정'이라 하였으니 어쩔 수가 없구나. 그래 마지막으로 친구한테 남길 말이 있느냐?"

"예 전하, 저는 친구를 믿습니다. 그리고 사랑합니다.

저의 목숨은 친구의 목숨과도 같습니다. 친구 대신 제가 처형되는 것을 너무나도 다행스럽게 생각합니다. 저의 친구가 돌아오기 전에 빨리 저를 처형시켜 주십시오!"

처형대에서는 사형을 집행하기 위하여 칼춤을 추기 시작한다.
지나가는 바람도 안타까운 사연을 아는지 아무런 말이 없다. 모두는 조용히 눈을 감는다.

그때다! 군중 속 한 사람이 크게 소리친다.
잠깐만요! 저기 누군가 오는가 봐요. 모든 군중들은 그 곳으로 눈을 돌린다. 뿌옇게 먼지가 날리고 있다. 점점 짙어지는 하얀 먼지 속에서 무언가가 보이기 시작한다.

그때 누군가 다시 외친다.
"저기 사람이 오고 있어요! 희미한 먼지 속에서 누군가 말을 타고 달려오고 있어요!"

그때다. 임금님이 크게 소리친다.

"멈추어라! 칼춤을 멈추어라! 짐의 명령이다!"
칼춤은 멈추었고, 모든 군중들은 말을 타고 달려오는 젊은이를 유심히 바라본다. 말은 있는 힘을 다하여 달려오고 있다. 그리고 그 곳에 도착한다.

젊은이는 말에서 내려 처형대에 서 있는 친구 앞으로 황급히 다가선다. 그리고 친구에게 말한다.

"친구야, 하마터면 큰일이 날 뻔 하였구나!
어쩌면 아까운 너의 목숨을 대신 잃을 뻔 하였구나!" 처형대에 잡혀있
는 친구 앞에서 죄를 지은 친구는 무릎을 꿇고 기도하며 사죄한다.

"고맙다 친구야, 나는 이제 죽어도 여한이 없다.
의로운 친구의 덕분에 그렇게도 보고 싶어하던 사랑하는 할머니를 만
날 수 있었고, 따뜻한 고향의 품속에서 하루 밤을 지낼 수가 있었다."

"이렇게 의로운 친구를 이 세상에 남겨두고, 가벼운 마음으로 저 세상
으로 떠날 수 있다니, 마지막 오늘이 이렇게도 기쁠 수가 없구나! 우
리 저 세상에서 다시 만나면 우정의 꽃 활짝 피우며 행복하게 살자!
그때는 헤어지지 말고 더 많은 사랑 나누자!"

두 친구는 서로 부둥켜 안고 한동안 흐느껴 운다.
"이 바보야! 왜 돌아왔어? 온 세상이 다 너를 버려도 나는 너를 버릴 수
가 없다. 그리고 너는 봉양해야 할 늙으신 할머니가 계시지 않느냐?"

"네가 없으면 연로하신 할머니는 무슨 기쁨과 보람으로 살아갈 수 있
겠어. 나는 혼자의 몸이다. 너를 위해 기꺼이 목숨을 바칠 테니, 너는
다시 고향으로 돌아가서 할머니 잘 모시며 행복하게 살아다오! 이 친
구의 간절한 부탁이다."

"아니다. 나의 죄는 내가 받아야 한다.
너의 우의는 나를 믿어준 지난 사흘간의 우정으로도 너무나도 고맙고
위대한 사랑이었다. 너는 나의 몫까지 오래 오래 행복하게 잘 살아다
오. 자, 친구야! 이것을 받아다오."

"이것은 우리 할머니가 먼 길 떠나는 이 손자를 위하여 직접 만들어 주신 '주먹밥'이란다. 이제 나는 죽을 몸인데 이 주먹밥을 먹어서 무슨 소용이 있겠니? 너를 위하여 기꺼이 아껴둔 것이다. 배고플 때 잘 챙겨먹으면서 정든 우리들의 고향으로 무사히 돌아가야 한다."

그리고 우리 할머니한테는
이 손자가 '돈 많이 벌어서 건강한 모습으로 꼭 돌아간다'고 위로의 말이나마 전해다오. 두 친구의 애절한 눈물로 아까운 주먹밥은 눈물 범벅이 되었다. 두 친구는 부둥켜안고 '서로 자기가 죽어야 한다'며 우정의 애원을 하고 있었다.

그때다. 임금님의 말씀이다.
"잠깐, 집행자는 처형대에서 내려오고 모든 군중들은 내 말을 들어라! 내 오늘 이렇게도 기쁘고 감동적인 날을 맞이하였다."

"지금까지 '나라를 위하고 백성을 위한다'는 '참된 정치를 한다'
하였지만, 귀를 막고 눈을 가린 채 어리석은 정치를 하였구나! 나는 지금까지 손자를 지키려는 할머니의 애절한 기도소리를 듣지 못하였고, 목숨보다 숭고한 우정의 믿음을 눈으로 보지 못하였다. 그러나 내 오늘 이렇게 기쁘지 아니할 수 없구나!"

옛 명나라 문학가 풍몽룡이
'아는 사람이 천하에 가득하다고 한들 마음을 알아주는 이가 몇이나 되겠는가?' 라고 말했다. 또한 맹자는 '사람이 서로를 안다는 것은 그 귀함이 마음을 아는데 있다'라고 했다. 이처럼 마음을 알아주는 진정한 벗을 사귀는 일이 결코 쉬운 일이 아니다.

그러나 나는 "오늘 비로소 삶의 근본인 효의 거룩함을 눈으로 보았고 말로만 듣던 '친구의 우정이 목숨보다 고결하다'는 것을 몸소 깨달았다. 할머니를 위해 친구를 위해 자신의 생명조차 기꺼이 내걸 수 있는 사람이라면, 어느 누가 그를 '의인'이라 하지 않겠는가!

서양속담에 '노인은 돈을 주고 사서라도 모셔라'는 말이 있다. 그리고 '진정한 친구를 위해서는 모든 것을 내맡길 수 있는 사람이 되어야 한다'라고 했다. 누구를 위하여 나라가 있고 누구를 위하여 임금이 있겠는가? '도는 예로써 꽃 피우고 예는 효로써' 근본을 삼아야 한다."

"이렇게 효를 꽃피우고 믿음을 귀히 여기는, 의로운 젊은이를 하마터면 잃을 뻔 하였구나! 비록 그에게 상당한 잘못이 있다 하나, 위태로운 나라를 지키기 위하여 죽음을 무릅쓰고 열심히 싸운 공은 그 무엇보다 존경 받고 칭찬받아야 한다."

"그리고 나라를 위하여 손자를 위하여 밤낮으로 정성껏 기도하신 그 할머니의 크고 깊은 사랑은 국법보다 거룩하고 숭고하다."

"국법으로 할머니의 간절한 기도소리를 하늘에 닿게 할 수 없듯이 국법으로 지극한 효심과 우정의 믿음을 목숨과 바꾸게 할 수는 없다. 임금은 백성이 하늘이다! 사랑과 믿음은 스스로의 양심에서 우러나온다!"

"나는 양심에 따라 손자를 사랑하는 가련한 할머니를 위로하며 구하고, 효성이 지극한 한 젊은이의 효심을 구하며, 믿음을 목숨보다 아끼는 숭고한 우정을 구하고자 이 죄를 면한다."

"그리고 잠시나마 나의 어리석음을 참회하는 의미에서
오늘 이 자리에 나온 모든 죄인들의 죄를 면하게 하여 온 백성들의 화
합과 사랑을 심는 기회로 삼고자 한다. 아울러 믿음과 우정, 지극한
효와 사랑이 온 누리에 널리 펼쳐지기를 기원한다!"

"그리고 다음과 같이 삶의 향기를 전한다."

향기로운 사람은 '생각이 맑고 마음이 선하며 그 모습이 정결하다'
그들의 맑은 모습에서는 언제나 슬기로운 생각과 밝은 기운이 흘러
넘친다. 고생을 한듯하지만 상처받은 흔적이 없고 단 한번 보았을 뿐
인데 한없이 부드럽고 다정스럽다.

그들은 자신의 맑고 밝은 모습을 지키고자
거짓을 알면서도 말로 표현하지 않고 아무리 힘들어도 괴로운 모습을
얼굴빛에 나타내지 않는다. 그래서 항상 주위의 찬사를 받으며 누구
나 그와 함께 지내고 싶어한다.

그들의 향기로운 인품 속에는 '유능하면서도 무능한 사람에게 묻는
지혜가 있고, 덕이 차 있음에도 없는 것 같이 하는 겸양이 있으며, 남
이 무례를 범하여도 따지지 않는 관대한 마음'이 들어있다.

그런 사람은 '좋아 잘했어'하며 칭찬해 주고, '고마워 감사해'하며 겸
손해 하며, '괜찮아 먼저 해'하는 배려하는 마음이 온몸에 베어있다.
이같이 우리주변에는 맑은 눈빛으로, 밝은 미소로, 다정스런 언어로
주위사람들에게 기쁨과 즐거움을 선사하는 향기로운 인품을 지닌 사
람들이 많이 있다.

향기로운 사람은 느끼는 힘이 우수하다

아카시아 꽃

- 수녀시인 이해인 -

향기로 숲을 덮으며
흰 노래를 날리는 아카시아 꽃

가시 돋친 가슴으로 몸살을 하면서도
꽃 잎과 잎새는 그토록 부드럽게 피워냈구나

내가 철이 없어 너무 많이 엎질러 놓은
젊은 날의 그리움이

일제히 숲으로 들어가
꽃이 된 것만 같은 아카시아 꽃

모처럼 찾아 온 고향산천!

산등성이 흰 구름은 저절로 흩어지고 달을 품은 시냇물은 다리 밑을 지나간다. 오랜만에 성긴 멍석 깔아놓고 행복한 가족이 다함께 모여있다.

어린 손녀가 할아버지에게 묻는다.
"할아버지, 사람들은 왜 이렇게 다정한 사람들끼리 함께 모여서, 서로 재미나는 얘기도 나누고 싶어하고, 때로는 노래하고 춤도 추면서 즐거운 분위기 속에서 지내고 싶어하는지? 그러한 감정이 생겨나는 성품의 자리가 궁금해요. 그 이유를 좀 알려주세요?"

"그래, 우리 손녀도 이런 질문을 하는 것을 보니
이제 성숙한 숙녀가 다 되어가는가 보구나? 이 할아버지가 그 답을 알려주마. 잘 듣고 언제나 향기로운 성품을 지닌 선한 사람이 되어야 한다."

"네, 그럴게요. 할아버지!"

손녀야! 사람들이 이렇게 밝고 명랑한 분위기 속에서 기쁨과 즐거움을 누리고 싶어하는 것은, 우리의 마음속에는 자신을 기쁘게 하고 즐겁게 해주려는, 긍정적 정서를 따르려는 감성적인 유전인자와 생리적 본능이 마음속 깊이 뿌리 박혀있기 때문이다.

본래 인간의 마음은 오랜 인류의 역사가 진화하는 과정에서 자신을 키워온 맑고 밝고 따뜻한 '자연적 본능'과, 자신을 지키며 이롭게 하려는 '이기적 본능'이 우리의 몸과 마음 속에 그대로 녹아서 유전되어 오고 있다.

그래서 자신의 본능이 되어온 '맑고 밝고 따뜻한' 환경 속에서 오래 머물고 싶어하고, 자신을 인정하고 칭찬해주는 다정하고 선한 사람들을 곁에 두고 싶어한다.

'한없이 아름답고 멋진 정경을 바라볼 때, 감미로운 멜로디에 젖어 있을 때, 순수한 사랑에 빠졌을 때, 위대한 진리를 깨달았을 때, 자신의 성숙함에 스스로 감동을 느낄 때' 그때 우리의 마음은 한없는 희열과 감사를 느끼게 된다.

이같이 우리에게 전해오는 '아름답고 신비스런' 느낌들은 모두 우리의 마음을 기쁘게 하는 감성의 영역이다. 똑똑한 여인보다 분위기 있는 여인을 좋아하는 것도, 돈 많은 남성보다 멋있는 남성을 좋아하는 것도, '옳다'고 생각한 이성적 판단이 순간적인 기분으로 바뀌어 지는 것도, 모두 이러한 감성적인 느낌의 힘 때문이다.

그래서 우리는 느낌을 일으키는 감각적 기능을 먼저 이해해야 한다. 인체에서 최초로 자극을 받아 들이는 곳이 말초신경에 해당하는 '감각수용체'이다. '감각수용체'는 소리 빛 압력 등의 자극을 전기에너지로 바꾼다. 이를 '감각변환'이라 한다. 이때 신경세포가 흥분되면서 '느낌' 이라는 감각을 일으키게 된다.

만약 누군가가 지팡이로 나를 때리면 우리는 자신도 모르게 '아 얏'

하고 소리친다. 본인이 '아프다'는 소리를 내야지 하면서 기다렸다가 '아 얏' 하지 않는다. '아프다'는 생각도 하기 전에 자신도 모르게 '아 얏'하며 미리 느끼는 반응, 그것이 '감각'이다.

이렇듯 느낌이란 감각자체는 의지가 없다. 정신작용이 아니다. 다만 생각이전에 미리 전해주는 영혼의 안내자가 될 뿐이다. 그래서 느낌의 다스림이 삶의 시작이 되고 삶의 질을 결정한다. 그 이후 감각으로 주어지는 느낌을 두뇌의 기능으로 인식하는 것이 '의식'이다. 그 때부터 헤아리고 판단하는 지각작용이 일어난다.

아름다운 꽃을 바라보는 것은 눈이란 감각기관을 통하여 마음이 본다. 먼 훗날 아름다운 옛 연인을 그리워하게 되는 것은 눈이 아니라 마음이다. 그것은 사물을 인식하는 모든 기능이 마음속에 있기 때문이다. 그래서 마음속에 없는 것은 볼 수도 없고 느낄 수도 없으며 생각할 수도 없다.

따라서 우리가 무언가를 '기억하고 있다'는 것은 모두 마음으로 알아차린 것을 두뇌에서 저장하고 있는 것이다. 렌즈가 사물을 볼 수는 없다. 눈이 눈을 볼 수도 없다. 마음이 눈이란 렌즈를 통하여 사물을 보고 그것을 두뇌 속에 저장해 두는 것이다.

그래서 좋은 느낌을 갖기 위하여는 먼저 렌즈를 깨끗하게 하듯이 눈과 같은 감각기능을 맑게 하고, 렌즈의 초점을 맞추듯이 흩어진 마음을 한곳에 모아야 한다. 허망한 미래나 후회스런 과거에서 헤매고 있는 마음을 현재로 모으고, 바깥으로 쏠렸던 남을 향한 시선을 자신에게로 돌려야 한다.

그렇게 느끼는 힘이 좋아지게 된다면, 그때는 깊이 있는 사고를 하게 되면서 내면의 에너지도 그 만큼 많이 생겨난다. 아름다운 느낌을 눈에 담고 있으면 마음이 행복해지고, 따스한 느낌을 가슴속에 품고 있으면 마음이 포근해진다. 이렇듯 인생을 행복하게 사는 사람들의 장점은 '느끼는 힘이 우수하다'는 것이다.

그래서 우리는 좋은 느낌을 얻기 위하여, 눈 내리는 공원길을 걷고 싶어하고, 달빛 내리는 찻집에서 감미로운 멜로디를 듣고 싶어하며, 때로는 빨간 들장미로 집 앞 울타리를 엮어서, 향기로운 정취가 묻어나는 분위기 있는 집에서 살고 싶어한다.

향기로운 대화는?

아름다운 입술을 가지고 싶으면!

- 오드리 햅번-

아름다운 입술을 가지고 싶으면 친절한 말을 하라
사랑스런 눈을 갖고 싶으면 사람들에게 좋은 점을 보라
날씬한 몸매를 갖고 싶으면 너의 음식을 배고픈 사람과
나누어라 〈중략〉

사람들은 낡은 것으로부터 새로워져야 하고
병으로부터 회복되어야 하고
무지함으로부터 교화되어야 하며
고통으로부터 구원받고 또 구원받아야 한다
결코 누구도 버려서는 안 된다

기억하라 만약 도움의 손이 필요하다면
너의 팔 끝에 있는 손을 이용하면 된다
한 손은 너 자신을 돕는 것이고
다른 한 손은 다른 사람을 돕는 손이다

울면서 찾아 온 봄비 소리에! '님 한번, 책 한번' 저절로 한가롭다. 오늘따라 닫힌 창 열어보니 솔 향기 그윽하고 소리 없는 비 그치니 시집간 예쁜 딸이 친정부모님을 찾는다.

저녁식사를 마치고 외손자의 재롱에 온 식구는 웃음바다가 된다. 역시 최고의 모임은 '온 가족이 함께 모여있는 행복한 가정이 된다'는 사실을 새삼 느끼게 한다.

얼마 후 사랑스런 딸이 아빠한테 질문을 한다.

"아빠, 현대인들은 너무 복잡하게 살아가는가 봐요?
말도 많고, 일도 많고, 모임도 너무나 많은 것 같아요?
나서기를 좋아하는 사람, 말하기를 좋아하는 사람, 일에 너무
매달리는 사람"

"아빠, 그런데 간단한 모임에서나 대화를 나눌 때
어느 누가 더 지혜로운 사람인지를 쉽게 알아볼 수 있나요?
인생선배님이신 아빠에게 그 답을 듣고 싶어요?"

"그래 열길 물속은 알아도 한길 사람 속은 모르는 것이 인간의 마음이다. 그러나 그들을 찾아내는 보편적인 진실은 그 어디에서나 적용될 수가 있다."

예를 들면,
사람들은 복잡한 사회생활을 하면서 필요에 따라 다양한 모임을 갖게
된다.

그때 누군가 일어나서 의미 있는 얘기를 할 때
그 얘기를 듣고 있는 상대방의 모습을 자세히 살펴보면 그 사람의 수
행의 정도가 어느 정도인지를 쉽게 알아볼 수가 있다.

"그러면 아빠, 그 방법을 좀 얘기해주세요?"

그래 말해주마, 잘 듣고 소중한 삶의 지혜로 삼아야 한다.

먼저 밝은 지혜를 쌓기 위하여는
반드시 '고요, 집중, 인내, 객관성'이라는 4가지의 수행조건이 뒷받침
되어야 한다."

상대방의 얘기를 듣는 과정에서 누가 더 이러한 '수행조건'들을
올바르게 실천하고 있는지를 자세히 살펴 보아라! 그러면 그 사람의
지혜의 수준이 어느 정도인지를 쉽게 알아볼 수가 있다."

첫째 지혜로운 대화를 하는 사람은 '고요함'이 온 몸에 베어있다.
왜냐면 고요하지 않고서는 정신이 맑아질 수 없고, 정신이 맑지 않고
서는 밝은 지혜를 닦을 수가 없기 때문이다. 그래서 시끄럽고 소란스
런 곳에서는 지혜가 생기지 않는 이유가 여기에 있다.

누가 더 고요한 자세로 상대의 얘기를 차분히 듣는지를 살펴보아라. 그런 사람은 모든 뜻을 음미하며 대화 속의 의미를 찾아내는 참으로 지혜가 몸에 베어있는 지적인 사람이라 할 수 있다.

둘째 지혜로운 대화를 하는 사람은 '집중'하는 습성이 온 몸에 젖어있다. 예를 들면 누군가 열심히 얘기를 하고 있는데 '옆 사람과 서로 잡담을 나눈다'거나 술잔을 부딪히면서 대화의 분위기를 소란스레 방해하는 사람은, 상대의 호감을 사지 못할 뿐 아니라 집중하는 습성을 몸에 익힌 사람이라 할 수가 없다.

진정 위대한 자는 모두 집중의 달인이다.
그들은 집중 속에서 열정을 불러내고 집중 속에서 자신의 깊은 곳에 숨겨둔 자질을 모두 끄집어 낸다. 그래서 집중하지 않고서는 상대의 얘기 속에 담겨있는 진정한 의미를 찾아낼 수가 없다.

셋째 지혜로운 대화를 하는 사람은
모든 사실의 예를 누구나 옳다고 인식하는 '객관적 진실성'에 따른다. 그러나 그러한 사실의 예를 단순히 자신의 가족이나 자기 자신에게 비교하는 주관적인 편견은, 대화의 의미를 이기적 관점으로 접근하려는 소인배적 심리가 몸에 베어있는 사람이 된다.

진실을 근거로 하는 객관적 얘기에 '나는 잘하고 있다.
우리 아들은 그러지 않는다. 우리 남편은 잘 지키고 있다'는 등의 자기 중심적 관점으로 접근하고 해석하려는 편협된 습성은 참된 진실을 밝히는 올바른 자세라 할 수가 없다.

끝으로 지혜로운 대화를 하는 사람은 '인내'를 몸에 익힌 사람이 된다. 이 세상에 인내의 고마움 없이 이루어지는 것은 단 하나도 없다. 모든 지혜의 결실은 인내와 침묵의 시간 속에서 이루어 진다.

예컨대 상대가 열 가지를 예를 들 때, 자신이 그 중에서 한 두 가지만 알아도, '나도 알고 있다, 누구한테 들었다, 어디에서 보았다'며 자기가 알고 있는 것을 묵묵히 참지 못하고 상대보다 더 아는 체, 똑똑한 체하며 대화중에 나서는 사람은 상대의 호감을 거슬러는 인욕의 수행이 부족한 사람이 된다.

그러나 진정 자신이 잘 알고 있으면서도
상대의 얘기를 끝까지 들어주며 그 순간을 침묵하는 사람은, 상대의 생각을 존중하는 예와 인을 몸에 익힌 지혜로운 사람이라 할 수 있다.

중국 당나라 시대 '무사덕'이라는 사람이 동생과 나눈 얘기다.

"만약 어떤 사람이 너의 얼굴에 침을 뱉었다면
너는 어떻게 하겠느냐?"

"예 조금도 화내지 않고 침을 닦아 내겠습니다."

"그렇게 빨리 닦아버리면
침 뱉은 사람의 심기를 거스르는 것이 아니겠느냐?"

"그렇다면 형님, 그때는 어떻게 해야겠습니까?"

"그 침이 다 마를 때까지 닦지 않아야 그 사람에 대한 예의가 아니겠느냐?"

이같이 위인들의 빼어난 모습은 '보통사람들보다 더 잘 참는다'는 것이다. 그들은 진리를 위해 의로움을 위해 그 많은 비난, 그 헛된 소문들을 슬기로운 웃음으로 참고 견뎌낸다. 그래서 인내에는 신념과 끈기뿐 아니라 밝은 지혜와 의로운 용기가 함께 필요하다.

이상과 같이 지혜로운 대화를 하는 사람은
'고요한 마음으로 자신의 마음을 안정되게 하고, 집중하는 자세로 대화 속의 의미를 찾아내며, 인내하는 습성으로 상대방의 얘기를 존중하며 듣는다. 그리고 객관적 혜안으로 대화 속의 진실성에 접근한다' 모임에서나 어느 곳에서나 그런 사람을 찾아내는 사람 역시 지혜로운 사람이라 할 수 있다.

'대화에 관한 공부는 계속된다.'

언어는 마음을 전하는 수단이다. 생의 표현이자 문화적 산물이다.
우리는 언어로서 생각을 일으키고 언어로서 생각을 견고하게 한다.
따라서 언어화 할 수 없는 것은 생각할 수 없고 생각할 수 없는 것은 언어화할 수 없다.

언어에는 항상 진정성이 담겨있어야 한다.
언제나 진실을 말하고 선을 얘기해야 한다. 그러나 일부 사람들은 '들은 것을 본 것처럼' 말하고 '없는 것을 있는 것처럼' 말한다. 그러므로 앞에서 할 수 없는 말은 뒤에서도 하지 말아야 한다.

남의 말 하기를 좋아하는 것은 멀리서 하는 시비요.
눈앞에서 하는 아부는 돌아서서 하는 비난이 된다. 따라서 남을 헐뜯는 말은 하지도 말고 듣지도 말아야 한다. 그리고 의롭지 않은 말을 하는 자리는 피해야 한다.

말은 입이 하는 것이 아니다.
말은 마음이 생각을 일으켜 입으로 하는 것이다. 그래서 마음이 고우면 그의 말도 향기롭다. 옛말에 '눈으로 보는 것은 3일, 귀로 듣는 것은 마음속으로 천 년을 간다'고 한다.

그러므로 '보다 품격 있는 대화를 나누고자 한다'면
먼저 말의 근원을 이루고 있는 '마음의 성품'부터 바로 알아야 한다.

사람의 마음을 들여다 보면 그 속에는 '감성의 마음, 지혜의 마음, 의지의 마음' 3가지의 성품이 들어있다. 그 가운데서 지금 내가, 어떤 성품으로 말을 하고 있는지를 우선 알아야 한다.

쉽게 말하면 지금 내가 너무 감정적으로 거친 말을 하는지,
지혜를 앞세워 따지기만 하는지, 뜻만 내세우면서 고집을 피우며 말을 하는지를 알아야 한다.

대체로 지나치게 '감정적인 성품'을 지닌 사람들은, 늘 다투고 시비하는 듯한 큰 목소리로 자신의 말만 하는 모순을 저지르게 된다. 그들은 '

한말을 또 하고, 많은 말을 하고 싶어한다.'

그리고 그들은 언제나 자기가 알고 있는 것이 '대단히 중요하다'고 생각한다. 그래서 항상 주위사람들에게 자신이 알고 있는 모든 사실을 '말하고 싶어하고 자랑하고 싶어하며 소문을 퍼뜨리고' 싶어한다.

그러나 반대로 지혜로운 성품을 지닌 사람들은
대부분 마음속에 그 뜻을 품어두고 자신이 하고 싶은 말을 쉽게 표현하지 않는다. 자신은 가능한 적게 말하고 상대의 얘기는 많이 들어준다. '그들은 모르면서도 말하는데 노자는 알면서도 말하지 않는다'고 하였다.

그러므로 우리 모두는 내가 먼저 이해 받고자 하는 욕심으로
상대보다 서둘러 말을 하는 실수를 저질러서는 아니 된다. 많은 사람들이 대화에서 실패하는 이유는, 지금 상대가 하고 있는 소중한 말에는 별로 관심을 두지 않고 오로지 자기자신의 관심사항을 먼저 얘기하려 하기 때문이다.

옛말에 '말하는 순간 틀린 말이 된다'는 얘기가 있다.
입을 열면 먼지가 들어가듯이, '한번 말하면 한번 틀리고, 두번 말하면 두번 틀린다'는 말이다. 그것은 말이 많아지면 자신조차 이해 할 수 없다'는 얘기다.

그래서 향기로운 성품을 지닌 옛 선사들의 대화는
감정을 조절하여 차분하고, 지혜가 흘러 넘쳐 생각이 고결하며, 마음

이 뜻을 모아 그 의미가 분명한 말을 한다. 그리고 언제나 유머와 재치가 흘러 넘치는 부드럽고 유익한 대화를 즐겨 한다.

고독은 탁월한 사람들의 운명이다

저 하얀 구름타고 하늘로 오른다

- 방랑시인 김삿갓 -

날짐승도 길짐승도 제 집이 있건만
나는 한평생 혼자 슬프게 살아왔노라
짚신에 지팡이 끌고 천리길 떠돌며
물처럼 구름처럼 가는 곳이 내 집이었다

이웃사람들은 생남했다 축하해 주며
언젠가는 출세하리라 기대했건만
수염이 나면서 운명이 점차 기구해져
상전이 벽해되듯 뒤집어 졌네 (중략)

새벽 종소리 들으며 방랑길에 오르니
떠돌며 구걸한 집 수 없이 많았고
신세도 기구해 남의 눈총 받다 보니
흐르는 세월 속에 머리만 희었도다

돌아가자니 어렵고 머무르기도 어려워
노상에서 방황하기 몇 날 몇 해 이던고
이제 저 하얀 구름 타고 하늘로 오른다

눈이 시리도록 차가운 어느 날! 홀로 눈 내리는 산 길을 걷는다. 온 산야가 너무 맑고 아름다워, 눈을 밟기가 눈에게 미안하다. 하얀 눈길 밟으며 집으로 돌아오니 건넌방 서재에서는 향긋한 커피내음이 내 마음을 기쁘게 한다.

오늘도 커피잔 앞에 나를 초대한다.
따뜻한 커피를 마시면서 오늘의 내가 어제의 나에게 물어본다.

어제는 좋은 일이 있었는지? 힘든 일은 없었는지? 너무 외롭지는 않았는지? 때로는 화를 내었던 나 자신을 조용히 나무라도 본다.

그리고 다시 오늘의 나에게 물어본다.
'나는 누구인지? 어떤 사람인지? 어떻게 살아야 행복한지?'

하루하루 더 나은 대답을 기대하며
자신 속에 숨겨져 있는 또 다른 자신에게 묻기도 하고 들어도 본다. 때로는 과거 속으로 때로는 먼 훗날의 미래 속으로 조용히 자신을 데려가 보기도 한다.

하루 종일 일하는 사람은 자신을 발견할 시간이 없다.
가장 소중한 시간은 나를 찾는 시간이다. 오늘은 나를 위해 맑은 하늘을 우르러고 싶다. 오늘은 지친 나에게 감미로운 음악을 들려주고 싶다. 오늘은 철없는 나에게 따뜻한 커피 한잔이 행복이란 것을 느끼게

해주고 싶다.

고독은 쉼 속의 여유요. 시간 속의 향기다.
자신을 맑게하고 자신을 쉬게하며 자신을 돌아보게 하는 자리다. 그래서 자신을 고독하게 만들지 않고서는 '깊은 사색, 깊은 사고, 깊은 성찰'을 할 수가 없다.

고독은 본래 지성인의 것이다.
살아가면서 사유하는 자들의 것이다. 그래서 넘치는 상상력이 있는 위대한 정신의 선각자들은 한결같이 맑은 사색을 즐기며 깊은 고독을 옆에 두고 살아왔다.

그러나 안타깝게도 고독의 기쁨을 즐길 줄 모르는 사람들은 언제나 고독을 피하고 고독을 멀리하며 고독을 두려워한다.

그들은 '아무런 일도 하지 않으면 시간을 잃어버린다'고 착각하며 언제나 하는 일이 많고 바쁠수록 중요한 사람이라 생각한다. 그래서 많은 만남을 좋아하고 바쁜 삶을 즐기며 '언제나 좋은 친구가 곁에 있어야 된다'라고 생각한다.

이 모두는 그들의 마음이 공허하고 허전하여 무언가에 의지하고 싶은 약한 마음 때문이다. 그리고 고독을 즐기는 마음의 평화와 한가로운 인생을 긍정할 수 있는 삶의 가치관을 만들어 내지 못하기 때문이다.

그러므로 고독의 기쁨을 누리기 위하여는
먼저 자신의 의식을 맑게 하고 자신의 마음을 안정되게 하여야 한다.

그리고 불현듯 파고드는 존재의 외로움을 느껴야 한다.

그때 생각이 맑아지고 감정이 줄어들면서 자기의 영혼과는 더 가까워
질 수 있다. 그때 비로소 자신의 참 모습을 볼 수 있고 고독의 향기를
느낄 수가 있다.

10. 생명의 장

인간의 일은 뇌가 한다

건강하게 살라!

생명의 기운은 '맑고 밝고 따뜻하다'

인간의 일은 뇌가 한다

사랑의 흔적

- 작자미상 -

가슴이 시린 푸른 달 빛
보고 자란 발자국 누구의 것일까?

빨려들 듯이 깊은 칠흑 같은 주름 살
누구의 것일까?

하지만 그것들에게는
사랑보다 더 사랑하는 사랑이 담겨있다

누구를 위해서
누구를 향해서
담겨 있는 것일까?

들 지나고 산 오르니 곳곳이 신비롭다.
정말 고운 사람 하나 만나고 싶어 힘든 산을 오르다가
문득 '위대한 영혼이 그 곳에 있다'는 것을 깨닫는다.

아름다운 시는 그 곳에 있다.
신비스런 마음도 그 곳에 있다. 깨우침이 울리던 그 날!
그 곳이 어디냐 물어보니? 그 곳은 바로 영혼이 살고 있는 '두뇌'라
한다.

아버지는 아들도 모른다. 사랑하는 아내도 모른다. 여기가 병원인지
도 모른다. 그러나 창가에 찾아온 둥근 달을 바라보며 반가워 손짓을
한다. '그 옛날 고향의 하늘에도 달이 있었지?' 고향의 그 달이 이렇게
'가까이 찾아왔다'는 기쁨에 아버지는 반가워 어쩔 줄을 모른다. 아버
지는 달을 좋아하였다. 저렇게 둥글고 밝은 달을 좋아하였다.

달빛 속의 매화는 향기를 뿜어내고 아버지는 그 하늘을 마신다.
매화향기 그윽하니, 이제 우리 아버지도 봄을 아시겠지? 부디 건강해
라! 잘 살아다오! 하시며 그렇게도 자상하게 자식들을 챙겨주시더니,
저 달이 가고 나면 우리 아버지께서는 무슨 생각을 할까?

평생 효도 한번 제대로 못하였는데 아버지는 아들도 모른다.
아들에 대한 원망도 모른다. 이렇게 까맣게 태워버린 아버지의 영혼
을 어찌해야 좋단 말인가? 아버지 사랑합니다. 정말 사랑합니다!

아들은 홀로 병석에 누워있는 아버지를 바라보며
영혼을 담고 있는 '뇌의 중요성'을 되새겨 본다.

뇌는 인간의 주인이다.
'뇌를 안다'는 것은 바로 인간의 신비를 아는 것이다. 뇌에는 약
1,000억개의 신경세포가 있다. 그리고 정신세계의 사고를 명령하고
실행하는 코일처럼 감겨져 있는 DNA가 있다.

우리의 뇌는 다양한 인체시스템을 관리 운용하면서도 마음의 기능까
지 담고 있다. 그래서 무언가를 끊임없이 느끼고 알아차리며 깨닫고
판단하는 행위를 한다.

이러한 뇌는 피부와 함께 감각기관이며 성적기관이 되기도 한다.
따라서 뇌가 건강하면 피부가 맑아지고 뇌가 섹시하면 삶도 활기차
다. 뇌가 사랑을 느끼면 피부가 밝아지고 피부에 손길이 와 닿으면 뇌
가 기뻐한다.

그래서 우리의 뇌는 언제나 사랑 받았던 지난 경험을 되살리며 끊임
없이 새로운 사랑을 요구한다. 따라서 '맑은 피부로 젊은 삶을 오래
유지하고 싶다'면 먼저 자신의 뇌에게 섹시한 기쁨과 감각적인 사랑
의 느낌을 끊임없이 선사해야 한다.

그리고 우리의 뇌는 열망과 자극에 따라 진화한다.
다시 말하면 풍부한 상상력과 다양한 경험을 쌓을 때 뇌는 활성화된
다. 따라서 적절한 자극이 없으면 우리의 뇌는 아무런 훈련도 받지 못
하고 저절로 기능이 약해지면서 탄력이 떨어질 수밖에 없다.

그러므로 신선한 호기심을 가지고 끊임없이 배우고 학습하면서 뇌의 탄력성을 길러야 한다. 그리고 상상력의 훈련을 통해 무의식의 정화를 일으키고, 무의식 속에 숨겨진 소중한 잠재의식을 의식의 세계로 끌어내야 한다.

그렇게 지적인 활동을 꾸준히 하면서
뇌의 기능을 향상시키는 '올바른 식습관과 생활습관, 규칙적인 운동, 풍부한 수면, 쾌적한 환경 속에서 꿈과 희망을 가지고 즐거운 기분으로 살아가게 된다'면, 우리의 뇌는 스스로 기뻐하며 활력을 찾을 수밖에 없다.

그럼 우리의 뇌는 '어떠한 속성'을 지니고 있나?

첫째 뇌는 자신만의 정의를 고집한다.
자기의 판단이 '언제나 옳다'라고 고집하는 의식이 깊이 뿌리내려 있다. 그래서 자신의 판단이 한번 '옳다'고 생각하면 언제나 옳은 것이 되고, '아니다'라고 생각하면 아닌 것이 된다.

둘째 뇌는 주위의 모방을 좋아한다.
자신에게 참되지 않아도 질투와 부러움으로 끊임없이 주위 사람들을 모방하면서 살아가고자 하는 속성이 있다. 그것은 인간은 본래 자신보다 뛰어난 사람에게 스스로의 마음이 끌리도록 그 의식구조가 진화해 왔기 때문이다.

셋째 뇌는 '참된 것'과 '상상하는 것'을 잘 구분하지 못한다.
쉽게 말하면 상상을 언제나 현실로 받아들이는 습성이 있다.

그래서 '할 수 있다'라고 꾸준히 생각하는 사람들은 확신의 신경망이 형성되어 뜻하는 바를 이룰 수가 있고 '할 수 없다'라고 비관하는 사람들은 불신의 신경망이 형성되어 아무 것도 이룰 수가 없게 된다.

끝으로 뇌 속의 감정은 서로 공존하지 못한다.
쉽게 말하면 우리의 뇌는 동시에 두가지 생각을 할 수가 없다.
사랑하는 순간에 미워할 수 없고, 미워하는 순간에 사랑 할 수 없다.

그러므로 이렇게 소중한 역할들을 하고 있는 우리의 뇌 속에는
항상 '우수한 정보, 창의성, 고결한 철학'이 함께 담겨있어야 한다.

먼저 기억되어 있는 '정보의 양'은 다양한 '지식, 체험, 경험'을 가지고 있어야 하며, '의식의 수준, 사고력, 사고방식'은 그 질이 좋아야 한다.

그리고 가치와 이상을 추구하는 창의성은 새롭고 지혜로워야 하며,
삶의 철학은 지성의 가치를 더 높일 수 있는 고결한 것이 되어야 한다.

건강하게 살라!

민들레의 연가

- 수녀시인 이해인 -

은밀히 감겨 간 생각의 실타래를
밖으로 풀어내긴 어쩐지 허전해서
날마다 봄 하늘에 시를 쓰는 민들레

앉은뱅이 몸으로는 갈 길이 멀어
하얗게 머리 풀고 얇은 씨를 날리면
춤추는 나비들도 길 비켜가네

꽃씨만한 행복을 이마에 얹고
해에게 준 마음 후회 없어라

혼자서 생각하다 혼자서 별을 헤다
땅에서 하늘에서 다시 피는 민들레

하늘을 울리는 저 비 소리는 내 아픔을 알고 있을까?
너무 괴롭다. 너무 힘들다. 너무 두렵다.
여기 몹쓸 병에 걸려 신음하는 한 젊은이가 있다.

꼭 살아야 한다. 꼭 살고 싶다.
그러나 한없이 흘린 눈물도 병든 자신을 위로할 수는 없었다. 옆 방에
서는 갓난아이의 울음소리와 아내의 한숨 소리가 들린다. 몇 년을 다
닌 병원의 소견은 아무런 '희망이 없다'고 한다.

젊은이는 참회의 시간을 갖는다.
모든 책임은 나에게 있다. 나는 지금껏 나를 알지 못하였고 나를 돌보
지 않았으며 나를 사랑하지 않았다. 건강의 적은 바로 나였구나!

날이 밝아오자,
젊은이는 산골마을에서 농사를 지으면서 평생을 건강한 모습으로 살
아가고 있는 100세가 넘으신 어느 노인을 찾는다.

"그래 젊은이, 어떻게 왔는가?"
"예 할아버지, 저는 살고 싶습니다. 살아야 할 이유가 너무나 많습니
다. 젊은 저에게 건강을 회복할 수 있는 큰 깨우침을 주십시오. 할아
버지는 어떻게 이토록 건강한 모습으로 한평생을 살아오셨는지?
할아버지의 밝은 지혜를 듣고 싶습니다."

"그래, 그렇게도 '건강을 찾고 싶다'는 말이지?"

"예, 할아버지!"

젊은이, 우리의 건강은 '오래 젊고 아름답게 늙는 것'이 그 가치관이 되어야 한다. 한번 흘러간 강물은 다시 돌아오지 않듯이 우리의 인생은 늘 낯선 것이어서 반복이 없고 연습이 없다. 그러므로 정열을 물쓰듯 하지 말고 건강을 함부로 남용해서는 아니 된다.

그럼 어떻게 하면 우리의 소중한 건강을 지킬 수가 있을까?
'젊은이는 먼저 그것을 알아야 한다.'

알고 보면 우리의 몸은 모두 '지능을 지닌 세포'로 이루어져 있다.
그 세포 안에는 유전자라고 하는 놀라운 프로그램이 내장되어있다.
이러한 유전자의 프로그램을 '어떻게 올바르게 구축하느냐' 하는 것이 바로 '건강을 찾는 비결'이 된다.

먼저 건강한 유전자의 프로그램을 구축하기 위하여는
외부 즉 자연에서 공급하는 '물, 공기, 햇볕, 음식'과, 내부 즉 마음에서 생기는 '의식'이 맑고 안정되어야 한다. 특히 마음속의 의식은 음식의 성분까지도 변화시키면서 그에 따라 몸도 변하게 한다.

그래서 마음이 불안하면 맛있는 음식이 맛이 없어지고,
마음이 긴장되면 좋은 음식도 몸에서 잘 받아들이지 않게 된다. 그러므로 항상 맑고 밝은 긍정적인 의식을 가지고 '나도 언젠가는 신선이될 수 있다'는 맑은 기상을 품고 살아가야 한다.

그러나 어리석게도 상당수 현대인들은 그 반대의 삶을 살아가고 있다. 순수한 자연의 에너지 대신에 '칠하고, 다듬고, 모방한' 가공된 에너지를 공급하고, 여유롭고 긍정적인 생각 대신에 '늘 초조하고 불안해하는' 부정적인 기분으로 살아가고 있다.

그러므로 젊은이, '건강한 몸을 유지하고 싶다'면
먼저 '자연의 에너지'가 담긴 순수하고 균형잡힌 음식을 먹어라! 그리고 기쁨의 에너지가 솟구칠 수 있는 '긍정적인 생각'을 언제나 가슴 속에 품고 살아가야 한다.

자연의 에너지가 담긴 순수한 물 공기 햇볕에서 자라난 음식으로 좋은 몸을 만들고, 기쁨과 즐거움이 넘쳐나는 긍정적인 생각으로 건강한 마음을 만들어야 한다.

그리고 항상 조화롭고 균형된 활동을 생활화하여야 한다.
우리의 정신력이 가장 싫어하는 것이 '균형감각'을 잃었을 때이다.
그러므로 몸을 활기차게 하는 육체적 활동과 마음을 기쁘게 하는 지적 활동을 서로 조화롭게 하여야 한다.

예를 들면 온종일 너무 서 있어도 아니되고 너무 앉아 있어도 아니된다. 너무 육체적 활동만 해서도 아니되고 너무 정신적 활동만 해서도 아니된다. 언제나 가볍고 즐거운 마음으로 심신의 활동을 조화롭게 하면서 기혈의 순환을 원활하게 하여야 한다.

이렇게 모아진 건강의 척도가 바로 '체력, 두뇌력, 심력'의 총합으로 나타난다. 체력은 몸의 활동성을, 뇌력은 창조성을, 심력은 당당한 의지의 힘을 생겨나게 한다.

그 중에서도 체력은 뇌력과 심력을 담고 있는 그릇이다.
그래서 체력이 약해지면 두뇌력과 심력이 함께 약해지면서 매사에 자신감이 줄어들고 삶의 기쁨이 사라지게 된다. 그러므로 우리 모두는 먼저 건강의 근본이 되는 체력부터 길러야 된다.

체력을 기르는 데는 우선 '걷는 것'이 생활 그 자체가 되어야 한다.
언제나 적절히 걷고, 자주 걷고, 즐거운 마음으로 걸어야 한다.

그렇게 자연 속에서 즐거운 마음으로 '꾸준히 걷게 된다'면,
그때는 식욕이 좋아지고 심장이 튼튼해지면서 몸은 활력을 찾게 된다.
그리고 신경기능이 좋아지고 행복 호르몬이 생성되면서 뇌가 젊어진다.

동의보감에서도 '약보다는 음식이 보약이요, 음식보다는 걷는 것이 보약이다'라고 하였다.

젊은이!
지금까지 얘기한대로 우리의 건강은 그 어느 것 하나만으로 이루어지는 것이 아니다. 전체적인 유기적 시스템으로 서로 조화를 이룰때 유지될 수 있다.

올바른 식습관으로 자연속에 담겨있는 양질의 에너지를 받아 들이고, 규칙적인 운동으로 기혈의 순환을 원활하게 하며, 즐거운 마음으로 세포의 지능을 만족시켜 줄 때, 그때 비로소 몸속의 유전자가 올바르게 구축되면서 우리의 건강을 온전하게 유지할 수 있다.

아무리 소중한 것도 아는 것 만으로는 자신의 것이 될 수가 없다. 반드시 깨달음이란 통찰력이 있을 때 의식의 뿌리가 생겨난다. 그러므로 지금부터 젊은이의 건강을 지키기 위한 올바른 깨달음과 실천은 모두 '본인의 몫이 된다'는 사실을 깊이 명심하여라!

생명의 기운은 맑고 밝고 따뜻하다

숯 파는 노인

– 당나라 시인 백거이 –

남산에서 나무베어 숯을 굽는데
얼굴엔 온통 잿빛 연기

양쪽 머리 부스스하고
열 손가락 모두 새까맣네

숯 팔아 번 돈으로 무얼하려는가
몸에 걸칠 옷, 먹는 음식 사야지

가엽게 홑 옷 입고서도
숯 값이 떨어질까
추워지길 바라네 (중략)

멀리서 들려오는 까치 울음소리!
저기 구름모이는 곳에 친구가 사는 집이 있다. 잘 익은 감은 먼저 까마귀가 물어가고 잎을 떨군 긴 가지는 파란하늘을 가리킨다.

깊은 산속에서 자연인으로 살아가고 있는 친구를 만나보기 위하여 도회지에서 두 친구가 찾아왔다. 우연히도 그들은 각각 한의사와 양의사였다. 방안에서는 다정스런 세 친구가 서로의 안부를 물어본다.

먼저 양의사 친구가 이 곳 산속에서 살고 있는 자연인 친구에게 묻는다. "자네는 건강을 돌보기 위하여 사랑하는 가족들을 모두 도회지에 남겨두고 '홀로 여기 산속으로 왔다'는 그 말이 사실인가?"

"그렇다네, 울창한 숲들이 세상소리 막아주는 여기 산 속이 좋아서 건강도 보살피고 마음수행도 해볼까 하고 왔어. 파란 풀잎이 예전처럼 돋아나면 봄이 온 줄을 알고, 뒷산에서 낙엽 날리는 소리가 들리면 쓸쓸한 가을인줄 알면서, 이렇게 자연을 벗하며 살아가고 있다네."

"물론 가끔씩은 좋아하는 시도 짓고, 보고 싶은 책도 읽으면서 이렇게 여유롭게 살아가고 있어. 그 결과 지금은 '건강도 많이 회복하고 마음도 꽤나 너그러워졌다'고 스스로 자랑도 하고 싶다네."

그러자 한의사 친구가 다시 얘기한다.

"그래 자연 속에서 살아가고 있는 친구의 낭만적인 모습이 너무 부럽다. 이렇게 자네는 대자연의 축복을 받으며 한가로이 지내고 있으니 누구보다도 건강하고 행복할 거야. 언제나 자네의 앞날에 한없는 행운과 건강을 빈다!"

"그런데 이렇게 여유롭게 살아가고 있는 자네한테 한가지 묻고 싶은 것이 있다네? 그것은 다름아닌 건강에 '가장 소중하다'고 생각되는 '물'을 평소에 어떻게 마시며 살아가고 있는지, 그것이 무척이나 궁금해?"

그러자 양의사 친구가 앞질러 자신의 생각을 말한다.

"물은 끓여서 먹어야 해. 그래야 위생적이고 안전하다.
물은 위에서 흡수되지 않고 대부분 장에서 흡수된다. 그래서 물은 갈증을 느끼기 전에 부담을 주지 않을 정도로 조금씩 자주 마시는 습관을 길러야 한다. 그리고 따스한 물이 몸에서 흡수가 더 잘 된다는 사실도 알아야 하고."

다시 한의사 친구가 이야기한다.

"아니야. 본래 물은 생수를 마셔야 해.
방안의 화초도 끓인 물을 주게 되면 꽃이 모두 죽게 되고,
거실의 어항에도 끓인 물을 넣게 되면 물고기가 모두 죽는다."

"왜 이러한 꽃과 물고기가 끓인 물에서는 살아갈 수가 없을까?
그것은 물 속에 녹아있는 생명의 자양분들이 대부분 끓인 물에서는 그 생명력을 잃었기 때문이다. 그래서 '깨끗한 생수는 끓이지 않고 그

냥 마시는 것이 좋다'고 생각해."

창 밖에서는 산들바람이 나뭇잎을 흔들고
바위틈에서는 들국화가 세 친구의 얘기를 엿 듣고 있다. 어제 핀 들국화
는 향기를 뿜어내고 행복한 세 친구는 그윽한 꽃 향기 속에 갇혀있다.

끝으로 자연인 친구가 자신의 체험담을 얘기한다.

"물은 생명체다. 모든 생명체는 생명력이 다하면 반드시 죽게 되어있
다. 이러한 생명력은 회복할 수 있는 힘이 있을 때만 살아난다. 그래
서 죽은 생명체는 회복력이 없어 쉽게 썩게 되고 상하게 되는 것이다.
끓인 물은 생명력의 원천이 되는 효소가 살아갈 수 없는 죽은 물이다.
그래서 생명력이 없는 끓인 물에서는 화초나 물고기가 살아갈 수가
없다."

"그러나 우리는 체온을 지닌 영혼이다.
영혼은 자신을 닮은 '맑고 밝고 따스한 것'을 좋아한다. 그래서 우리
의 영혼은 그 반대가 되는 '탁하고 어두우며 차가운 것'은 좋아하지
않는다. 우리가 찡그린 얼굴을 싫어하고, 어두운 모습을 좋아하지 않
으며, 차갑고 냉정한 사람을 멀리하는 것도 모두 그 이유다."

"우리의 영혼은 지나치면 지치고 모자라면 분노한다.
그리고 우리의 몸은 언제나 '항상성'을 지키려는 방어적 본능이 있다.
그러므로 항상 균형된 감각으로 우리의 몸과 영혼에게 기쁨과 안정을
안겨줘야 한다."

그래서 "나는 맑은 생수로서 생명력을 지키고, 따뜻한 온수로서 영혼을 기쁘게 하면서 생수와 끓인 물을 서로 반반씩 섞어 마시면서 나의 건강을 보살피고 있다."

'생명의 기운'에 대한 공부는 계속된다.

인간의 본성은 본래 '맑고 밝고 따뜻하다.'
하느님께서는 인간들에게 착한 마음 이전에 '맑은 마음'을 주셨고, 기쁜 마음 이전에 '밝은 마음'을 주셨으며, 사랑하는 마음 이전에 '따뜻한 마음'을 주셨다.

따라서 대자연의 산물인 우리 인간도 마음이 맑지 않고서는 착할 수가 없고, 밝지 않고서는 기뻐할 수가 없으며, 따뜻하지 않고서는 온정을 베풀 수가 없다. 그래서 자연 속의 모든 감사와 창조는 '맑고 밝고 따뜻한' 본성에서 찾아야 한다.

먼저 '맑음'은 고귀하고 순수한 가치의 표본이다.

맑아야 그 본성이 순수하고 선한 성품을 지킬 수가 있다.
맑아야 순수한 이성을 지킬 수 있고 온전한 건강을 유지할 수가 있다. 물이 맑아야 물고기가 자랄 수 있고 공기가 맑아야 새들이 그 하늘을 지킨다.

맑음의 근원은 모두 물에서 찾아야 한다.

물은 만물의 본원이고 뭇 생명의 근원이다.
천하에 물보다 부드러우면서도 강한 것은 없다. 제아무리 단단하고 강한 것도 물은 그들을 부드럽게 어루만지며 아름답게 다듬는다.
물은 모양이 없어 고집도 없다.
자기를 담고 있는 그릇이 자기의 모양이 된다. 둥근 그릇에 담으면 둥글게 되고 네모진 곳에 담으면 네모가 된다.

이러한 물은 만물을 이롭게 하면서도 누구와도 다투지 않는다.
뭇 생명을 키우나 자신을 자랑하지 않고 언제나 사람들이 싫어하는 낮은 곳에 있기를 좋아한다. 물이 낮은 곳에서 모이면 강한 힘이 되고 수증기가 되어 하늘로 올라가면 생명의 단비가 된다.

물은 아무런 고집도 없이 한 방향으로 흐르니 순리를 따르는 의와 같고, 백길 아래 골짜기로 떨어져도 두려워하지 않으니 용과 같다. 또한 물은 만물을 길러주고 씻어주며 절대적인 사랑을 베푸니 자연 속의 어머니와 같다.

다음으로 밝음은 만물의 참된 모습이다.

밝아야 볼 수 있고 밝아야 지혜로울 수 있다.
밝아야 기뻐할 수 있고 밝아야 웃을 수 있다. 밝은 마음은 모두 비우는 마음이 만든다. 그래서 무언가를 비우지 않고서는 밝을 수가 없고 소중한 것을 그 속에 담을 수가 없다.

밝음의 근원은 비움의 철학을 안고 있는 공기에서 찾아야 한다.
공기는 언제나 비어있어 다함이 없다. 없는 듯 하면서도 차 있고, 차 있는 듯 하면서도 언제나 비어있다. 아무리 껴안아도 무겁지 않고 아무리 마셔도 배 부르지 않다. 문 열어주면 말없이 들어오고 문 닫으면

얌전히 그 자리에서 머문다.

공기는 자유로우면서도 멈추지 않고 산을 넘고 강을 건너며 정처 없이 흐른다. 어디를 가나 상대를 이롭게 하고 아무리 써도 다함이 없다. 총을 쏘아도 아파하지 않고 침을 뱉어도 흔적이 없다. 그래서 자유로운 영혼이 가장 닮고자 하는 것이 바로 비움의 철학을 안고 있는 산소와 같은 '공기'가 된다.

끝으로 따뜻함은 만물의 사랑이다.

따뜻해야 싹이 트고 따뜻해야 정이 든다. 날씨가 따뜻해야 새싹이 돋아나고 마음이 따뜻해야 온정을 베풀 수가 있다.

따뜻함의 근원은 모두 태양에서 찾아야 한다.
이 세상에서 태양보다 위대하고 강한 것은 없다. 신의 창조사업은 모두 태양으로 빚어낸 것들이다. '새 생명, 아름다움, 찬란한 신비'의 모습들은 모두 태양이 빚어내는 위대한 작품들이다.

태양은 빛과 에너지를 전해주지만 지칠 줄을 모른다.
빠르나 지치지 않고 가벼우나 가질 수 없다. 혼자서 낮을 밝히고 혼자서 새 생명을 키운다. 그 빛은 공기보다 부드럽고 보석보다 찬란하다. 태양은 모두를 태우고 녹일 수 있는 큰 힘이 있으나 그 힘을 자랑하지 않는다. 밤이 되면 세상 모두가 쉴 수 있도록 그 자리를 비워준다.

그러나 이렇게 소중한 것들도 너무 많고 익숙하게 되면
사람들은 그 존재에 대한 의미와 가치를 잘 모르며 살아간다. 언제나 곁에 있는 것을 당연한 것이라 생각하고 항상 넉넉하게 있을 거라고 착각하며 살아간다.

이같이 맑아야 될 자연의 본성은 탁해지고 밝아야 할 세상은 어두워지며 따뜻해야 할 인간의 마음은 냉정해져 간다. 그때 사람들은 법이 있어도 법을 따르지 않고 양심이 있어도 양심은 못난 감정의 노예가 된다.

그러므로 우리 모두는 인간의 본성을 지켜주는 위대한 자연을 내 몸같이 아끼고 사랑해야 한다. 그리고 그들이 지니고 있는 '맑고 밝고 따뜻한' 본성을 꼭 지켜내야 한다. '맑은 물, 깨끗한 공기, 따뜻한 햇볕'은 우리의 존재 그 자체다. 바로 생명의 본원이다.

11. 믿음의 장

신은 믿는 자의 마음속에 존재한다

신은 믿는 자의 마음속에 존재한다

- 에크하르트 선집에서 -

'하느님은 우리 가까이 계시는데
우리는 그 분에게 멀리 떨어져 있다

하느님은 안에 계시는데
우리는 밖에 있다.

하느님은 집안에 계시는데
우리는 이방인 들이다'

산중에도 달이 뜨나 스님에게 물어보니? '산이 높아 달이 늦게 뜬다'고 한다. 밤하늘이 너무 고요하여 속삭이는 별님에게 물어보니, 밝은 달 아래 '부엉이 소리 아직 그대로'라고 한다.

소낙비 내리던 그 날! 나는 산 정상에서 신을 불러봤고
온 산이 더위로 몸부림 치는 날! 나는 큰 스님을 만나러 여기 절간을 찾았다.

6.25동란이 일어나 남과 북이 서로 밀고 당기며
자신의 진지를 지키고자 한창인 어느 무더운 여름날이었다.

"스님들은 모두 짐을 챙겨 떠나시오!"
우렁찬 국군장교의 명령이 떨어졌다.

나쁜 공비들이 외딴 산속에서 남모르게 자신들의 진지를 구축함으로써 이들을 미리 방지하기 위하여 '오대산 안에 있는 모든 사찰들은 불태워 없애라'는 국군장교의 명령이 떨어진 것이다. 전쟁 중에는 장교의 명령이 곧 법이었다.

갈 곳을 잃은 피난민들과 젊은 스님들은 불안하고 당황스러웠다.
그들은 떨리는 심정으로 큰 스님의 말씀만을 기다리며 초조해 하고 있었다. 한동안의 시간이 지난 후 큰 스님은 장삼을 입고서는 법당 안으로 들어와 국군 장교를 부른다.

"이제 준비가 다 되었으니 그대는 불을 지르시게!"

당황한 국군장교는 크게 놀라며 소리쳤다.

"큰 스님! 이러시면 안됩니다. 어서 나가십시오! 꼭 나가셔야 합니다!"
그러나 큰 스님은 법당 안에 앉아서 요지부동이었다.

큰 스님의 말씀이다.
"그대는 군인이니 나라를 지키며 명령을 따르는 게 임무고 나는 출가 수행자니 법당을 지키는 게 임무요. 둘 다 자신의 본분을 지키는 일이니 장교께서는 어서 불을 지르시게."

국군장교는 움직일 수 없는 태산 같은 큰 스님의 법력 앞에서 어쩔 수가 없었다. 그 순간, 국군장교는 부하들에게 기상천외한 명령을 내린다.

"지혜로운 자는 좋은 인연을 만들어가야 한다.
우리는 나라도 지켜야 하고 스님도 지켜야 한다. 이 절의 문짝만을 뜯어다 마당에 쌓아라!" 그들은 이렇게 휘발유를 뿌린 뒤 문짝에만 불을 지르고 산속으로 사라졌다.

이렇게 자랑스런 '상원사'가 불타지 않은 채
오늘날까지 아름다운 오대산자락에 자리잡고 있는 것은 '큰 스님의 위대한 법력'과 착한 백성들을 지키려는 '국군장교의 지혜로운 사랑 때문이었다'는 얘기가 조심스레 전해오고 있다.

해가 서산을 넘어가자, 어제 진 달이 다시 밝은 모습으로 법당을 찾는다.

여기 그들이 전해주는 '신앙의 역사'를 한번 더듬어 보자.

아주 오래된 원시시대에
시골에서는 농부가 살고 있었고 바닷가에서는 어부가 살고 있었다. 농사를 짓는 농부들에게는 가뭄과 홍수가 두려움의 대상이 되었으며, 고기를 잡는 어부들에게는 거센 파도가 삶의 공포가 되어왔다.

그들의 마음속에는 언제나 자연의 현상을 조절하는 '위대한 신이 하늘나라에 별도로 존재한다'고 믿었다. 그래서 그들의 생각에는 '신이 화가 나면 무서운 폭풍우를 불게 하고, 신이 기분이 좋으면 자신들이 바라는 적절한 비바람을 내려주신다'고 생각하였다.

그러한 자연의 재앙과 죽음이라는 두려움에서 벗어나고자 하는 간절한 소망들이 모여서, 서양에서는 '신을 중심으로' 동양에서는 '인간의 삶을 중심으로'하는 종교를 탄생시키는 계기가 되었다.

이렇게 서로 다른 믿음과 두려움 속에서
'만물은 신이 창조한다'라고 생각하는 '유신론'이 있고, 세상의 모든 것은 '태어날 때부터 그의 운명이 정해져 있다'는 '운명론'이 있다. 한편 세상만물은 누구의 의지도 아닌 '우연에 의하여 생겨난다'는 '우연론'도 있고, 모든 존재는 '원인과 조건으로 말미암아 생겨난다'는 '인연론'도 있다.

그러나 알고 보면 모든 종교는 삶과 죽음의 문제를 '믿음과 지혜'로 해결하려는 심리적 사상체계이다. 그러므로 우리는 믿음과 지혜가 없는 마음에서 영원과 진리를 찾아 헤매는 잘못된 신앙을 택해서는 아니 된다.

참된 신앙을 갖기 위하여는 먼저 사실을 근거로 하는 객관적인 의미의 확신이 있어야 한다. 객관적인 확신은 지혜로써 얻을 수 있다. 사실상 지혜가 크게 쌓여 모든 것을 알게 되면 진실 속의 믿음은 스스로 생겨난다.

그러므로 지혜의 뿌리가 깊이 내리지 않은 맹목적인 믿음을 가져서는 아니 된다. 누군가의 언어를 믿어서는 아니 된다. 누군가의 생각을 믿어서는 아니 된다. 세상 모든 사람들이 믿는다고 하여 믿어서도 아니 된다.

신을 믿는 것

〈미구엘드우나무노〉

아무런 열정도
마음의 갈등도 불확실한 것도, 의심도
심지어는 좌절도 없이 신을 믿는 사람은
신을 믿는 것이 아니다
그는 다만
신에 관한 생각을 믿고 있을 뿐이다

불경에서는 '믿음만 있고 앎이 없으면 어리석음만 더하고
앎만 있고 믿음이 없으면 삿된 견해만 는다. 믿음과 앎이 두루 통해야
수행의 근본이 된다'라고 하였다. 이렇듯 우리의 신앙도 지혜로운 깨달음으로 참된 진실의 권위를 확인한 후 믿어야 한다.

사실상 우리 인간들에게는 세상의 기쁨으로는 도저히 채울 수 없는 '하늘에 대한 그리움과 영원을 바라는 공의 마음'이 가슴 속에 들어있다. 그것이 믿음이란 이름으로 '성령'을 불러내고, 지혜란 마음으로 '불성'을 찾아 나서게 한다.

그래서 '신이 있다'고 생각하는 공의 마음에는 신은 있고 '신이 없다'고 생각하는 불신의 마음에는 신은 없다. 왜냐면 모든 진실의 권위는 각자의 마음에 의해 인식되고 그 의미가 부여되기 때문이다. 따라서 신은 어디에나 있을 수 있다. 그러나 신은 그 어디에도 존재하지 않는다.

다만 신은 그리운 마음이 보고 싶은 얼굴을 그려내듯이, 불안한 마음이 무서운 얼굴을 떠 올리듯이, 인간들의 마음이 만들어 내는 볼 수도 없고 알 수도 없는 상상력의 산물일 뿐이다.

그러므로 우리가 바라는 최고의 가치는 반드시 자신을 찾는 '깨달음'에서부터 먼저 시작되어야 한다. 지혜로운 영혼은 자신의 존재를 알고 난 후 타인의 존재를 깨닫는다. 따라서 깨달음이 없는 막연한 믿음을 가져서는 아니 된다. 어느 신이 우리의 주인인지도 모르고 서로 맹목적인 믿음을 외치며 방황해서는 아니 된다.

그러나 다행히도 우리는 존재를 보는 눈, 가치를 보는 눈, 창조를 그려내는 눈으로 나름대로 자신의 세상을 살아간다. 하얀 민들레를 바라보며 아름다운 시상을 떠올리는 시인도 있고, 멋진 풍경을 바라보며 자연의 은혜에 감사하는 자연인도 있다.

이처럼 우리 앞에 존재하는 모든 것은 눈으로 보고 확인할 수 있다. 그러나 인간의 눈으로 볼 수 없는 숨어있는 본질의 가치는 오직 믿음을 가진 '지혜의 마음'만이 볼 수 있다. 다시 말하면 보이지 않는 진실 앞에서 본질을 바로 보는 밝은 지혜의 마음이 깨우침을 얻을 때, 그때 비로소 '믿음의 마음'이 생기게 된다.

소리 없는 소리가 하늘을 울린다! 간절한 기도소리에 하늘이 통곡한다. 간절한 기도는 하늘의 맑은 기운을 바라는 애절한 구원이다. 기도가 성스러워지면 심적 안정과 영혼의 소리를 듣게 된다. 그때 비로소 내가 작아지고 나의 존재가 사라진다.

이렇게 소망하고 기도하는 우리의 영혼은
도대체 태어나기 전에는 어디에서 왔으며 죽은 후에는 어디로 가는가? 그 명제에 대한 분명한 깨달음이 있어야 한다. 그래야 삶에 대한 가치를 바로 세울 수 있고 인생의 길을 명료하게 할 수가 있다.

그러나 아직까지 그 어느 누구도 죽음을 경험한 사람은 아무도 없다. 그래서 죽음 이후의 영혼은 인간이 생각할 수 없는 사고의 한계 밖에 있다.

그러나 상상을 좋아하는 일부 사람들은
사람이 죽으면 '천국이나 지옥으로 갈 수도 있고, 어딘가에 다른 모습으로 다시 태어날 수도 있으며, 죽음 이후는 완전히 소멸할 수도 있다'고 생각한다. 이처럼 알 수 없는 죽음이 '누구의 마음 속에서는 영생의 길이 될 수가 있고 누구의 마음 속에서는 자연으로 돌아가 한줌의 흙이 될 수도 있다.'

아무튼 '영혼이 자신의 몸 속에서 '스스로 살아 갈 수 없다'고
생각하면 영혼은 죽음이란 이름으로 자신의 몸을 떠나게 되어 있다.
그때 '불멸의 영혼을 아는 자'는 죽음은 두려움이 아니라 '삶의 완성
이 된다'는 사실을 알게 된다.

인생의 답은
내 마음속에 있다

초판인쇄	2022년 2월 1일
지은이	박남준
펴낸곳	새하출판사
이메일	namjoon 5253@gmail.com
출판등록	2021년 12월 4일
인쇄	엠그래픽스

ISBN 979-11-977133-0-9